—— STIFTUNG ——
Marktwirtschaft
Frankfurter Institut

Kleine Handbibliothek • Band 34

Der Autor

Diplom-Ökonom Dr. Matthias Meyer, Jahrgang 1966, ist Bankkaufmann und studierte Wirtschafts- und Sozialwissenschaften in Lüneburg, Loughbourough, Brüssel und an dem europäischen Universitätsinstitut (EUI) in Florenz. 1994 bis 1996 war er wissenschaftlicher Mitarbeiter am Lehrstuhl für Wirtschaftssoziologie an der Universität Lüneburg. Seit September 1996 ist er für die Deutsche Bischofskonferenz tätig, seit Oktober 2001 als Leiter des Bereiches Kirche und Gesellschaft im Sekretariat der Deutschen Bischofskonferenz sowie als Sekretär der bischöflichen Kommissionen für gesellschaftliche und soziale Fragen (VI), für publizistische Fragen (IX) und für caritative Fragen (XIII).

Matthias Meyer

Kirchen und soziale Marktwirtschaft

Eine ordnungspolitische Perspektive

Mit einem Vorwort
von Lüder Gerken

Gefördert durch die

informedia Stiftung

Gemeinnützige Stiftung für Gesellschaftswissenschaften und Publizistik, Köln

Bibliographische Information Der Deutschen Bibliothek
Die Deutsche Bibliothek verzeichnet diese Publikation in der Deutschen Nationalbibliographie; detaillierte bibliographische Daten sind im Internet über http://dnb.ddb.de abrufbar.

© März 2003

Stiftung Marktwirtschaft
Charlottenstraße 60, 10117 Berlin

Telefon (030) 2060570 – Telefax (030) 20605757
E-Mail: info@stiftung-marktwirtschaft.de
Internet: www.stiftung-marktwirtschaft.de

ISBN 3-89015-091-8

3.4	Gewährleistung eines freien Marktpreismechanismus	42
3.5	Sicherstellung einer flexiblen stabilitäts- und wachstumsorientierten Geldversorgung	43
3.6	Soziale Korrektur marktwirtschaftlicher Ergebnisse	44
3.7	Exkurs: Die Soziallehre und eine marktwirtschaftlich organisierte Weltwirtschaftsordnung	46
4	**Die Empfehlungen der kirchlichen Soziallehre angesichts der aktuellen wirtschaftspolitischen Herausforderungen**	**49**
4.1	Das Gemeinsame Wirtschafts- und Sozialwort	49
4.2	Memorandum Mehr Beteiligungsgerechtigkeit	53
4.3	Gemeinsames Wort der Kirchen zur Reform der Alterssicherung	58
5	**Fazit**	60
Literaturverzeichnis		**64**

Inhalt

Vorwort — 9
Lüder Gerken

1 **Einleitung** — 15

2 **Sozialverkündigung der Kirchen und Ordnungspolitik** — 16

2.1 Die kirchenamtliche Sozialverkündigung — 17

2.2 Sozialethische Prinzipien als übergeordnete Ziel- und Wertvorstellungen — 22

2.3 Abgrenzungen des ordnungspolitischen Standpunkts der Kirchen — 27

2.4 Kirchliche Sozialverkündigung als Dialogpartner der Ordnungspolitik — 30

3 **Überprüfung der konstitutiven Faktoren und regulierenden Prinzipien der Ordnungskonzeption „soziale Marktwirtschaft"** — 33

3.1 Privateigentum — 33

3.2 Individuelle Wahlhandlungsfreiheiten — 35

3.3 Wettbewerb — 37

Vorwort

Lüder Gerken

Die öffentliche Wahrnehmung der wirtschaftspolitischen Positionen der christlichen Kirchen ist häufig geprägt von den Teilen der kirchlichen Botschaft, die für eine große Distanz zwischen Christentum und Ökonomie stehen. Geläufige Bibelzitate wie „Es ist leichter, daß ein Kamel durch ein Nadelöhr gehe, als daß ein Reicher ins Reich Gottes komme" (Markus 10,25) und Schlagworte wie das von der „Option für die Armen", das der zunächst marxistisch inspirierten Theologie der Befreiung entstammt oder Slogans aus den Spendenkampagnen kirchlicher Hilfswerke rücken im öffentlichen Bewußtsein die karitativen Elemente der christlichen Botschaft einseitig in den Vordergrund.

Zu wenig ist dagegen in der Öffentlichkeit die intensive und durch profunde Sachkenntnis geprägte Auseinandersetzung mit unserer Wirtschaftsordnung wahrgenommen worden, die den Kirchen neben der moralischen Autorität auch die fachlichen Voraussetzungen dafür verschafft hat, eine gewichtige Stimme in der gesellschaftlichen Diskussion um die Neugestaltung unserer Wirtschafts- und Sozialordnung zu sein.

Es gibt wenige Akteure in unserem Land, die einerseits über die institutionellen und fachlichen Voraussetzungen verfügen, die wirtschaftspolitische Diskussion zu bereichern, und andererseits weder parteipolitischen Zwängen unterworfen noch als Interessengruppen dem Vorwurf ausgesetzt sind, mit ihren Diskussionsbeiträgen vor allem den Schutz eigener Besitzstände anzustreben. Ihre Glaubwürdigkeit ist für die Kirchen als unabhängige Instanz eine Chance. Die Stiftung Marktwirtschaft hält es vor diesem Hintergrund für wichtig, von wirtschaftspolitischer und wirtschaftswissenschaftlicher Seite mit den Kirchen in den Dialog zu treten und sich intensiver mit den wirtschaftspolitischen Stellungnahmen von Katholiken und Protestanten auseinanderzusetzen.

Einen Beitrag dazu soll der vorliegende Band leisten. Matthias Meyer beschreibt und bewertet als Kenner katholischer wirtschafts- und sozialpolitischer Gremien den Diskussionsstand auf kirchlicher Seite. Er tut dies jedoch nicht aus einer innerkirchlichen, sondern aus einer ordnungspolitischen Perspektive und verschafft so auch denjenigen Zugang zu den Diskussionsbeiträgen der Kirchen, die sich selbst nicht dem christlichen Weltbild verpflichtet fühlen, die Kirchen also mehr als einen gesellschaftlichen Akteur denn als den Ort weltanschaulicher Orientierung ansehen.

Matthias Meyer zeigt, wie ordnungspolitisches Denken generell und gerade auch die Ordnungskonzeption der sozialen Marktwirtschaft in der katholischen und evangelischen Soziallehre zunehmend Raum gewonnen hat. Ich verstehe dies weniger als eine einseitige inhaltliche Korrektur der kirchlichen Soziallehre denn als ein Ergebnis eines produktiven interdisziplinären Dialogs. Die Begründer der Freiburger Schule waren christlich geprägte Ökonomen und Juristen. Ihre

Vorstellungen einer gottgewollten Ordnung („Ordo") verbanden christliche Werteorientierung und den wissenschaftlichen Kenntnisstand ihrer jeweiligen Fachdisziplinen. Die von ihnen entwickelte und von vielen christlichen Ökonomen seither vertretene Ordnungskonzeption wurde kirchenamtlich jedoch zunächst nicht geteilt. In theologischen Kreisen stand man der sozialen Marktwirtschaft anfangs eher kritisch gegenüber. Erst nach einem langen Weg zwischen Kapitalismus und Sozialismus – bei gleicher Distanz zu diesen beiden ordnungspolitischen Polen – haben sich die Kirchen der sozialen Marktwirtschaft zugewandt, die versucht, staatliche Rahmenordnung einerseits und freiheitliche, eigenverantwortliche Gestaltung der Wirtschaftsbeziehungen andererseits zu vereinen.

Daß die Kirchen vermehrt auf die Ergebnisse ökonomischer Forschung zurückgegriffen und sich vor einer interdisziplinären Auseinandersetzung nicht gescheut haben, hat zu einer wertvollen Weiterentwicklung der kirchlichen Soziallehre geführt – wertvoll gerade auch aus einer ökonomischen Perspektive: Die Wirtschaftswissenschaft orientierte sich lange Zeit am sehr begrenzten Menschenbild des „homo oeconomicus" und ignorierte weitgehend Erkenntnisse anderer Sozialwissenschaften. Das Ergebnis war eine teilweise unproduktive Modellbildung ohne empirischen Bezug, die erst in jüngerer Zeit durch interdisziplinäre Arbeiten mit Soziologen und Psychologen wieder überwunden wurde. Die Kirchen dagegen haben an ihrem differenzierten Menschenbild festgehalten und so die Fehlentwicklung vermieden, den Menschen und deshalb auch die Zwecke seines wirtschaftlichen Handelns auf eine Nutzenskala zu reduzieren.

In der aktuellen Diskussion um die Reform der sozialen Sicherungssysteme kann die christliche Soziallehre wichtige Impulse geben, gerade auf der Grundlage des genannten, differenzierten Menschenbildes: Soziale Sicherung als Ausdruck zwischenmenschlicher Solidarität darf den Hilfeempfänger nicht entmündigen, ihm Freiheit und Eigenverantwortung nicht nehmen. Im Unterschied zu gewerkschaftlichen Interessenvertretern betonen die Kirchen nicht nur die Teilhabe aller am gesellschaftlichen Wohlstand, sondern auch den Subsidiaritätsgedanken. Sie messen daher soziale Sicherung auch daran, inwieweit sie die betroffenen Menschen zu einem eigenverantwortlichen Handeln befähigt. Marktwirtschaftliche Lösungen spielen daher im kirchlichen Diskurs eine wesentlich größere Rolle als bei Vertretern der traditionellen, alimentierenden Sozialpolitik.

Matthias Meyer weist allerdings zu Recht auch auf Kritikpunkte an der Soziallehre der Kirchen hin, die aus ordnungspolitischer Perspektive anzumerken sind: Zum einen verliert sich die ordnungspolitische Klarheit, wenn es um konkrete politische Maßnahmen und Instrumente geht – hier stoßen die Kirchen auf ähnliche Schwierigkeiten wie sie auch für politische Akteure bestehen. Matthias Meyer arbeitet dies anhand aktuellerer kirchlicher Verlautbarungen heraus.

Zum anderen würde man sich als Ordnungspolitiker von den Kirchen wünschen, daß sie die sich selbst zugewiesene Rolle bei der Formulierung von Wertvorstellungen in der Gesellschaft in einer Art und Weise wahrnehmen, die der ordnungspolitischen Bewältigung von Strukturwandel, demographischen Veränderungen und technologischem Wandel dienlich ist. Schließlich beschreibt das Stichwort von der sozialen „Einbettung" des Ökonomischen nicht nur die Interdependenz von Wertvorstellungen, gesellschaftlichen Strukturen und politischer Ordnung einerseits und der Wirtschaftsordnung andererseits, sondern auch den Zusammenhang von ordnungspolitischen Reformen und gesellschaftlichem Wertewandel. Letzteres bezeichnet das Memorandum *Mehr Beteiligungsgerechtigkeit*, das 1998 im Auftrag der Kommission für gesellschaftliche und soziale Fragen der Deutschen Bischofskonferenz erstellt wurde, als „mentalen Schlüssel zu ordnungspolitischen Reformen". Daß Reformen zur Umsetzung von Generationengerechtigkeit und Nachhaltigkeit in Deutschland kaum mehrheitsfähig sind und daß – anders als in anderen europäischen Staaten – ein im Konsens der Tarifparteien vereinbarter Modernisierungspfad für den Arbeitsmarkt in Deutschland nicht möglich ist, läßt Rückschlüsse auf die ethischen Rahmenbedingungen zu, konkret auf die brüchige gesellschaftliche Basis der sozialen Marktwirtschaft. Denn wenn die Anpassung der Regelordnung an neue gesellschaftliche Herausforderungen nicht gelingt, ist die soziale Marktwirtschaft zum Scheitern verurteilt.

Ich möchte es – als Wunsch, vielleicht auch als Auftrag an die Kirchen – so formulieren: Als Pendant zu den ordnungspolitischen Reformen, die zu entwickeln und voranzutreiben eines der Ziele der Stiftung Marktwirtschaft ist, wäre die Entwicklung einer „Ethik des Wandels" erforderlich, die unserer Gesellschaft Orientierung gibt für die möglichst konfliktarme Gestaltung von Transformationsprozessen in der Wirtschaftsordnung.

Kirchen und soziale Marktwirtschaft: Eine ordnungspolitische Perspektive

Matthias Meyer

1 Einleitung

Die übergeordneten Ziel- und Wertvorstellungen der Ordnungskonzeption „soziale Marktwirtschaft" werden klassischerweise in Anlehnung an Walter Eucken mit Freiheit, Frieden, soziale Gerechtigkeit und soziale Sicherheit sowie allgemeine Wohlstandsmehrung übersetzt. Diese Wert- und Zielvorstellungen entstammen der Tradition des christlichen Abendlandes, wurden durch das Christentum begründet und vertieft. Viele Gründerväter der sozialen Marktwirtschaft – wie Franz Böhm, Constantin von Dietze, Alfred Müller-Armack, Wilhelm Röpke – handelten aus christlicher Überzeugung heraus oder waren sich dieser zumindest bewußt.[1]

Auf der anderen Seite haben die Kirchen den regulierenden und konstitutiven Faktoren der Ordnungskonzeption „soziale Marktwirtschaft" lange Zeit mit Skepsis gegenüber gestanden und statt dessen nach einem Weg zwischen Kapitalismus und Sozialismus bei gleichzeitiger Äquidistanz zu beiden ordnungspolitischen Polen gesucht. Aus ordnungspolitischer Sicht stellt sich also die Frage, welche wirtschaftspolitischen Vorstellungen den kirchenoffiziellen Äußerungen zugrunde liegen. Wie lassen sich die sozialethischen Erklärungen ordnungspolitisch einordnen und bewerten?

Diese Fragen sollen in drei Schritten beantwortet werden.

In einem ersten Schritt geht es um das gesellschaftspolitische Selbstverständnis der Kirchen (Abschnitt 2). Wenn sich die Kirchen zu gesellschafts- und wirtschaftspolitischen Fragen äußern: Worauf zielen diese Äußerungen ab? Von welchem Selbstverständnis sind sie getragen? In einem zweiten Schritt soll anhand der konstitutiven und regulierenden Elemente der Ordnungskonzeption der sozialen Marktwirtschaft (als idealtypisches Modell) eine Einordnung der kirchlichen wirtschaftsordnungspolitischen Vorstellungen in einen bipolaren ordnungstheoretischen Ansatz versucht werden (Abschnitt 3). Schließlich sollen Entwicklungen in den wirtschaftspolitischen Vorstellungen der Kirchen angedeutet und bewertet werden, die vor allem die Herausforderungen reflektieren, vor denen das bundesdeutsche Gesellschaftsmodell in seiner tatsächlichen Ausformung – und nicht als idealtypisches Konstrukt – steht (Abschnitt 4). Der letzte Abschnitt faßt abschließend zusammen.

2 Sozialverkündigung der Kirchen und Ordnungspolitik

Während ordnungspolitische Konzeptionen vor allem die materiellen Voraussetzungen im Blick haben, die der Mensch zum Leben benötigt, steht bei der christlichen Soziallehre mit dem Personalitätsprinzip die Würde des Menschen im Vordergrund. Die Soziallehre beider christlichen Konfessionen ist nicht als wirtschaftspolitische Konzeption entworfen worden – die Kirchen betreiben keine Ordnungspolitik. Die Kirchen entwickeln so explizit auch keine konstitutiven und regulierenden Prinzipien im Sinne Euckens, aus denen sich eine konkrete Wirtschaftsordnung deduzieren ließe.

Sie nehmen aber Stellung zu grundlegenden Zielen des Gesellschafts- und Wirtschaftslebens, machen hierzu normative Aussagen und befassen sich mit Fragen der Umsetzung und Ausgestaltung der Wirtschafts- und Gesellschaftsordnung. Sozialehre wird damit zum Dialogpartner der Wirtschaftsordnungspolitik. Wo es um konkrete Problemlagen mit Blick auf den Arbeitsmarkt oder in der Rentenpolitik geht, versuchen sie auch Konkretisierungen sozialethischer und ordnungspolitischer Aussagen in Richtung Wirtschaftsprozeßpolitik. Ihre eigentliche und primäre Zielrichtung besteht allerdings – mit den Worten Walter Euckens – in den „übergeordnete Ziel- und Wertvorstellungen", die eine Wirtschaftsordnung tragen (müssen).

2.1 Die kirchenamtliche Sozialverkündigung

Die beiden großen christlichen Kirchen in Deutschland nehmen entweder gemeinsam in Erklärungen oder einzeln auf der Basis der durch ihre für gesellschaftspolitische und soziale Fragen zuständigen Gremien vorbereiteten Papiere zu allgemeinen gesellschaftspolitischen und auch zu spezielleren sozial- und wirtschaftspolitischen Fragen Stellung.

Gemeinsam veröffentlichen die Kirchen 1997 das *Gemeinsame Wort zur wirtschaftlichen und sozialen Lage in Deutschland,* 1998 eine Stellungnahme zur Verschuldungsproblematik von Entwicklungsländern oder im Juni 2000 eine Erklärung zur Bedeutung der Generationengerechtigkeit in der Alterssicherung – also mit Blick auf die Diskussion um die Rentenreform. Von evangelischer Seite hat es beispielsweise 1991 eine Denkschrift über das „Wirtschaftliche Handeln in Verantwortung für die Zukunft" mit dem Titel *Gemeinwohl und Eigennutz* gegeben. Auf katholischer Seite hatte 1998 – kurz nach dem Regierungswechsel – ein von der fachlich zuständigen Kommission berufener Expertenkreis in einem Memorandum *Mehr Beteiligungsgerechtigkeit* „Neun Gebote für die Wirtschafts- und Sozialpolitik" veröffentlicht und damit nicht nur innerkatholisch für kontroverse Auseinandersetzungen gesorgt.

Für die römisch-katholische Kirche sind mit Blick auf die Sozialverkündigung die lehramtlichen Äußerungen in Form verschiedener „Sozialenzykliken" von besonderer Bedeutung. Die katholische Soziallehre ist einerseits ein „Gefüge offener Sätze" und andererseits zeitbezogen und setzt so immer an konkreten Fragestellungen an. So setzt sich die Enzyklika *Rerum novarum* (1891) mit der veränderten Situation des Arbeiters in einer industriellen Gesellschaft auseinander (Lohngerechtigkeit, Koalitionsfreiheit, Notwendigkeit von Interventionen des Staates in die Wirtschaft). Die Enzyklika *Quadragesimo anno* (1931) fordert vor dem Hintergrund der Massenarbeitslosigkeit in der

Weltwirtschaftskrise eine deutliche Unterscheidung zwischen einem kapitalistischen Wirtschaftssystem, das bei aller notwendigen Korrektur gerechtfertigt und akzeptabel ist, und einer (gegebenenfalls daraus entstehenden und negativ zu wertenden) kapitalistischen Gesellschaftsordnung (QA Nr. 101). Vielfach ist daraus die Forderung einer Umgestaltung des Wirtschaftssystems im Sinne eines eigenständigen „dritten Weges" zwischen Sozialismus und Kapitalismus abgeleitet worden, dessen Kernstück die Schaffung einer berufsständischen Ordnung, eine Regulierung des Wirtschaftslebens durch öffentliche Selbstverwaltungskörperschaften sein sollte. Der Grundsatz der Subsidiarität wurde in dieser Enzyklika entwickelt.

In den folgenden Jahrzehnten wurde von den Päpsten eine Reihe von Sozialenzykliken veröffentlicht. *Populorum progressio* (1967) beschäftigt sich mit der Problematik der Entwicklungsländer und zeichnet sich durch einen stark anti-liberalistischen Grundtenor aus. Mehrere Enzykliken zielen auf die Würde des arbeitenden Menschen. Sie lehnen es ab, das Verständnis von menschlicher Arbeit auf ihre Eigenschaft als Produktionsfaktor zu reduzieren. *Mater et magistra* (1961) betont aber auch den Vorrang der Privatinitiative im Wirtschaftsleben vor staatlichen Eingriffen. Mit dieser Enzyklika ist der Ordo-Gedanke der katholischen Soziallehre verankert. *Pacem in terris* (1963) bezieht ausdrücklich die individuell konzipierten Menschenrechte, zu denen explizit auch die wirtschaftlichen Grundrechte gehören, zum Beispiel Berufsfreiheit, Unternehmerfreiheit und Koalitionsfreiheit, in die Soziallehre ein. Mit der Pastoralkonstitution *Gaudium et spes* erkennt die Soziallehre die relative Autonomie der einzelnen Sachbereiche der Gesellschaft (zum Beispiel der Wirtschaft) an. *Laborem exercens* (1981) betont die Bedeutung von Vermögensbildung in Arbeitnehmerhand und Mitbestimmung und erneuert die Kritik sowohl am Liberalismus als auch am Sozialismus. *Sollicitudo rei socialis* (1987) beklagt die wachsenden Ungleichheiten und Ungerechtigkeiten in der Weltwirtschaft und betont die besondere Verantwortung der Industrieländer.

Die Sozialenzyklika *Centesimus Annus* (1991) entstand vor dem Hintergrund des Zusammenbruchs der zentralverwaltungswirtschaftlichen Systeme im Osten Europas und vollzieht eine (vorsichtige aber substantielle) Abkehr von der bisherigen kritischen Beurteilung des Marktprinzips hin zur Bejahung des marktwirtschaftlichen Ordnungssystems, sofern es „die grundlegende und positive Rolle des Unternehmens, des Marktes, des Privateigentums und der daraus folgenden Verantwortung für die Produktionsmittel, die freie Kreativität des Menschen im Bereich der Wirtschaft anerkennt" (CA Nr. 42), dem Sozialstaatsprinzip die Rolle eines regulativen Prinzips der Wirtschaftsordnung einräumt und die wirtschaftliche Freiheit „in eine feste Rechtsordnung eingebunden ist, die sie in den Dienst der vollen menschlichen Freiheit stellt" (ebd.).

Erklärungen der Bischofskonferenzen verschiedener Länder dienen der Anwendung und Präzisierung der lehramtlichen Dokumente im Hinblick auf regionale oder national bedeutende Fragestellungen. Demgegenüber bietet die evangelische Kirche aufgrund ihres eigenen Kirchenverständnisses ein vergleichsweise uneinheitliches Bild. Sie kennt keine Instanz, die für die Gläubigen und Mitarbeiter eine verbindlich-orientierende – in diesem Fall sozialethische – Position vorgibt. Mit Blick auf die Bundesrepublik wird die größere Übersichtlichkeit des Katholischen allerdings durch das vielschichtige katholische Verbandswesen ergänzt, das in seinen gesellschaftspolitischen Ausrichtungen einen großen Teil der in der Gesellschaft vertretenen Meinungen und Positionen widerspiegelt.

Viele Differenzierungen in Positionen und Entwicklungen wären zwischen katholischer und evangelischer Kirche, aber auch innerhalb der beiden Kirchen möglich. Bei der Auswertung kirchlicher Äußerungen erfolgt eine Beschränkung auf einschlägige Dokumente des Kirchenamtes der Evangelischen Kirche in Deutschland (EKD), der Deutschen Bischofskonferenz bzw. des römischen Lehramtes. Es soll ein Gesamtbild der ordnungspolitischen Vorstellungen der Kirchen gezeichnet werden, so daß Differenzierungen zwischen den katholischen und evangelischen Positionen nur dort vorgenommen werden, wo dies unumgänglich erscheint. Mögliche innerkirchliche Differenzierungen werden nicht vorgenommen.

2.2 Sozialethische Prinzipien als übergeordnete Ziel- und Wertvorstellungen

Die ordnungspolitisch relevanten Prinzipien der christlichen Sozialethik bestehen aus dem Personalitätsprinzip als ontologischem Grundsatz (und als dessen Komplement dem Gemeinwohlprinzip) sowie aus dem Solidaritätsprinzip, dem Prinzip der Subsidiarität und dem Prinzip der Nachhaltigkeit als heuristische Grundsätze zur Beurteilung der in einer konkreten Gesellschaft vorhandenen Strukturen auf die Frage hin, ob sie christlich-ethischen Ansprüchen gerecht werden.

a) Personalitätsprinzip

Das Personalitätsprinzip unterstreicht die unantastbare Würde und Freiheit der Person: Der Mensch muß – so die Enzyklika *Mater et magistra* (oder auch GS Nr. 12–22) – „Träger, Schöpfer und das Ziel aller gesellschaftlichen Einrichtungen sein". Letzter Maßstab von Ordnung und gesellschaftlichen Institutionen ist damit der Mensch selbst. Den gesellschaftlichen Gestaltungsformen hingegen ist lediglich eine instrumentelle Funktion zugewiesen. Nach diesem Prinzip müssen Wirtschaft und Gesellschaft so geordnet sein, daß dabei das Wohlergehen der Menschen im Mittelpunkt steht. Dabei kann Ordnung vor dem Hintergrund von Effizienz- und Subsidiaritätsüberlegungen durch die alternativen Koordinationsmechanismen Hierarchie (staatliche Subordination) oder Markt (marktwirtschaftliche Koordination) hergestellt werden. Vor allem in jüngeren Äußerungen wie dem Gemeinsamen Wirtschafts- und Sozialwort weisen die Kirchen in diesem Zusammenhang immer wieder auf die Bedeutung zivilgesellschaftlicher Ressourcen hin und mahnen an, den Dualismus von Markt und Staat zu überwinden („neue Sozialkultur"). Woraus diese Sozialkultur im einzelnen besteht, ob sie als alternativer Koordinationsmechanismus zu Markt und Staat ihren Platz erhält und welche institutionellen Anreizmechanismen ihr zugrunde liegen, erscheint noch nicht abschließend geklärt.

b) Solidaritätsprinzip

Das Solidaritätsprinzip ist nach allgemeiner Auffassung wohl das Zentrum der Soziallehre: „Es setzt bei der Personalität und Sozialität des Menschen zugleich an und besagt wechselseitiges Verbundensein und Verpflichtetsein" (Höffner, 1997, S. 47). Im Zentrum dieses Prinzips steht die Solidarität als Option für das Gemeinwohl und die Vorrangstellung der aktuell am meisten Benachteiligten. „Das grundlegende moralische Kriterium für alle wirtschaftlichen Entscheidungen, politischen Maßnahmen und Institutionen ist dieses: *sie müssen allen Menschen dienen, vor allem den Armen*" (US-Wirtschaftshirtenbrief 1986). Das Modell einer reinen Wettbewerbswirtschaft ist nach Meinung der Kirchen hiermit nicht vereinbar. Wenn sich allerdings eine ordnungspolitische Grundüberzeugung durchsetzt, die neben der Nutzung der Produktivitäts- und Effizienzpotentiale des Wettbewerbs auch den sozialen Ansprüchen derjenigen, die nicht leisten können, durch gezielte soziale Abfederungs- und Förderungssysteme Rechnung trägt, dann entspricht dies der Linie des Solidaritätsprinzips.

c) Subsidiaritätsprinzip

Subsidiarität ist treffend übersetzt worden mit: Kompetenzanerkennungsprinzip, Vorrang für Eigenverantwortung und Eigeninitiative. Dieses ordnungspolitische Bauprinzip weist den übergeordneten gesellschaftlichen Steuerungsinstanzen nur dann eine Funktion zu, wenn sie kompetenter und effizienter agieren als die sich von unten aufbauenden Einheiten in ihrer Eigenfunktion. Diese größeren sozialen Einheiten werden allerdings dann in die Pflicht genommen, wenn die einzelnen beziehungsweise die kleinen Gruppen überfordert sind und ihre Grundbedürfnisse[2] nicht befriedigen können. Die Zukunftsfähigkeit, die Produktivität und nicht zuletzt die humane Gestalt einer Gesellschaft hängen davon ab, daß immer zuerst die Eigenfunktion des einzelnen Menschen, der sozialen Gruppe, der Region respektiert, bewahrt und gestärkt wird. Die Betätigung der größeren sozialen Einheit ist deshalb in erster Linie als Unterstützung, als Hilfestellung für die kleinere, konkret überforderte Einheit zu verstehen: „Die beste Gemeinschaftshilfe ist die Hilfe zur Selbsthilfe" (Nell-Breuning 1965). Fremdhilfe ist danach nur dann einzusetzen, wenn Gemeinschaftshilfe zur Selbsthilfe nicht möglich ist oder nicht ausreichen würde.

Nach christlicher Auffassung baut eine „gerechte Gesellschaft" gleichermaßen auf den beiden sich ergänzenden Prinzipien der Solidarität und der Subsidiarität auf. Die christliche Soziallehre kennt in der Tradition des Aristoteles verschiedene Formen von Gerechtigkeit (die *iustitia distributie, legalis* und *commutativa*), wobei diese im Laufe der neuzeitlichen Entwicklung weiter differenziert wurden. Die ordnungspolitisch relevanten Gerechtigskeitsformen sind die Leistungsgerechtigkeit (nach Höffe (1986, 905): „die Chance, im Wettbewerb mit anderen sich eine den eigenen Fähigkeiten und Anstrengungen entsprechende Stellung zu erwerben, die durch allgemeine und für alle gleich geltende Regeln gesichert ist"), die Bedarfsgerechtigkeit (Höffe: „einen gleichen Anspruch aller auf eine Grundausstattung mit bestimmten materiellen und immateriellen Gütern..., deren jeder für ein menschenwürdiges Dasein bedarf"), die Verteilungsgerechtigkeit (die auf die Korrektur der marktwirtschaftlichen Ergebnisse in Form einer sekundären Einkommensverteilung abzielt und eine je nach Standpunkt unterschiedlich gewichtete Mischung von Bedarfs- oder Leistungsgesichtspunkte berücksichtigt) sowie die Beteiligungsgerechtigkeit (die auf den Abbau der strukturellen Ursachen für den Mangel an Teilhabe an gesellschaftlichen und wirtschaftlichen Prozessen zielt).

Auch der vor allem von Wirtschaftsethikern stark rezipierte Amerikaner John Rawls weist in seiner vielbeachteten „Theorie der Gerechtigkeit" (1971/1996) darauf hin, daß Bedarfs- und Leistungsgerechtigkeit nicht unabhängig voneinander gesehen werden dürfen: „Die besondere Funktion der Gerechtigkeitsvorstellungen ist ... die Festlegung ... der richtigen Verteilung, und das hängt mit den Problemen der Effizienz, der Koordination und der Stabilität zusammen" (ebd., 22). Das zweite Gerechtigkeitsprinzip von Rawls (ebd.,

81ff.) besagt, daß von jeder sozioökonomischen Ungleichheit der Nachweis allgemeiner Nützlichkeit ausgehen muß, die auch die Schlechtestgestellten einbezieht. Soziale Ungleichheit ist somit erst einmal nicht per se ungerecht. Dementsprechend gestattet dieses Rawls'sche Prinzip „Ungleichheiten bei Einkommen, Vermögen, Kompetenzen und Verantwortlichkeiten, wenn eine gleichmäßigere Verteilung dieser Grundgüter die am wenigsten Begünstigten schlechter stellen würde. Daher können zum Beispiel marktwirtschaftliche Anreize und die damit einhergehenden Einkommensunterschiede soweit zulässig sein, als eine stärker egalitäre Verteilung auch das Los der am meisten Benachteiligten verschlechtern würde" (Kley 1993, 356). Ungleichheit ist dann mit dem Gerechtigkeitspostulat vereinbar, wenn sie zum Vorteil aller ist – etwa wenn sie die Verteilungsmasse für alle vergrößert. Ungleichheit darf nach Rawls aber nicht die Teilhabe an kulturellen Gütern und öffentlichen Ämtern einschränken. Dann wäre sie unakzeptabel. Es ist vor allem Rawls, der – bei aller philosophischen Raffinesse auch seiner jüngsten Fortführung der Theorie der Gerechtigkeit „Politischer Liberalismus" (Rawls 1992) – immer wieder auf die einfache Wahrheit verweist, wonach sich die Frage der Gerechtigkeit an der Lage der Armen, Ausgegrenzten und Benachteiligten entscheidet.

In den letzten Jahren ist versucht worden, das Nachhaltigkeitsprinzip als eigenständiges sozialethisches Prinzip zu verankern. Nachhaltigkeit kann sozialethisch als Forderung verstanden werden, die Beteiligungschancen der nachfolgenden Generationen in den Fragen des Umgangs mit natürlichen Ressourcen, von Bildung und Qualifikation, der Familie, der öffentlichen Haushalte sowie auch in dem Bereich von Forschung und Entwicklung oder der Altenvorsorge zu verbessern. Nachhaltigkeit meint also Solidarität, die sich nicht nur auf die gegenwärtige Generation bezieht (horizontal), sondern intergenerativ (vertikal) gedacht wird. Ob das Nachhaltigkeitsprinzip sich eigenständig oder doch eher als Form des Solidaritätsprinzips etabliert, bleibt abzuwarten.

2.3 Abgrenzungen des ordnungspolitischen Standpunkts der Kirchen

Will man die wirtschaftspolitischen Vorstellungen der Kirchen ordnungspolitisch differenziert einschätzen, so müssen sie vor dem Hintergrund des bipolaren Ordnungsgsschemas von Eucken[3] an einem (idealtypischen) Bezugspunkt festgemacht werden. Im Sinne der Eingangsüberlegungen soll dieser Bezugspunkt in der Ordnungskonzeption der sozialen Marktwirtschaft bestehen.

Die beiden maßgeblichen Prinzipien, die die soziale Marktwirtschaft von anderen Ordnungsvorstellungen abgrenzen, sind

a) das Rechtsstaatsprinzip, das die Freiheit des einzelnen (auf dem Markte, Wahlhandlungen, Entscheidungen) gewährleistet und als Abgrenzung zur Ordnungskonzeption Zentralverwaltungswirtschaft dient und

b) das Sozialstaatsprinzip, welches der Tatsache Rechnung trägt, daß Markt und Wettbewerb zwar über den Marktpreismechanismus erst einmal überhaupt die Interessen anderer Menschen berücksichtigen, allerdings nur auf die Interessen kaufkräftiger Nachfrager schauen und nicht auf die, die am Marktgeschehen nicht teilnehmen oder nicht mithalten können. Das Sozialstaatsprinzip grenzt die Ordnungskonzeption „soziale Marktwirtschaft" zur Konzeption „freie Marktwirtschaft" ab.[4]

Anhand dieser beiden abgrenzenden Prinzipien läßt sich eine grobe Positionsbestimmung der christlichen Soziallehre vornehmen.

Die ordnungspolitische Bedeutung des Rechtsstaatsprinzips liegt in der Gewährleistung und dem Schutz individueller Grundrechte. Die Kirchen haben diese Grundrechte nach einem schmerzlichen Prozeß der Positionsfindung seit Beginn des vergangenen Jahrhunderts immer wieder eingefordert. Vor allem die Ausführungen von Papst Johannes XXIII. (*Pacem in terris*) weisen darauf hin, daß diese Rechte nicht nur gegenüber dem Staat, sondern gegenüber jeder Art von Machtausübung angemahnt werden müssen. Das Rechtsstaatsprinzip verstanden als Schutz der Rechte kleinerer Einheiten läßt sich zu einem guten Teil auch aus dem Subsidiaritätsprinzip ableiten.

Das Sozialstaatsprinzip ergibt sich unmittelbar aus dem Solidaritätsprinzip der christlichen Soziallehre. Seit *Rerum novarum* ist es das Anliegen christlicher Soziallehre, Wirtschaft und Gesellschaft menschenwürdig und unter Verweis des Zueinanders von Individuen und Gemeinschaft solidarisch zu gestalten. Mit der Benennung und Verknüpfung der Prinzipien Freiheit und soziale Gerechtigkeit als zentrale ethische Prinzipien und der Begriffe „Marktmechanismus" und „öffentliche Kontrolle" als Ordnungselemente zeichnet der Papst in *Centesimus annus* bis in Einzelheiten die ordnungspolitischen Grundlagen, gesellschaftspolitischen Ziele und wirtschaftspolitischen Konsequenzen einer sozialen Marktwirtschaft nach – ohne den Terminus zu benennen. So liegt die Hauptaufgabe des Staates in der Sicherung der individuellen Freiheit und des Eigentums sowie in der Gewährleistung einer stabilen Währung und leistungsfähiger öffentlicher Dienste (CA Nr. 48).

Während sich die katholische Soziallehre implizit durch ihr Bekenntnis zum Rechts- und Sozialstaatsprinzip auf eine Wirtschaftsordnung festlegt, die als eine primär marktwirtschaftlich orientierte und sozial regulierte Ordnungskonzeption bezeichnet werden kann, hat sich im Unterschied hierzu die deutsche evangelische Sozialethik über Jahrzehnte intensiv ausdrücklich mit der Konzeption „soziale Marktwirtschaft" auseinander gesetzt und sich gefragt, welche Bedingungen erfüllt sein müssen, damit einer primär marktwirtschaftlich orientierten Ordnung zugestimmt werden könne. Die evangelische Denkschrift *Gemeinwohl und Eigennutz* zeichnet ein einheitlich positives Bild der untersuchten Ordnungskonzeption: „Christen können dem Weg der sozialen Marktwirtschaft grundsätzlich zustimmen, weil er zu der von ihrem Glauben gewiesenen Richtung des Tuns nicht in Widerspruch tritt, vielmehr Chancen eröffnet, den Impulsen der Nächstenliebe und der Gerechtigkeit zu folgen" (1991, Nr. 172). Im Gemeinsamen Wirtschafts- und Sozialwort beider Kirchen heißt es dann: „Eine Wirtschafts- und Sozialordnung kommt nicht ohne rahmengebende rechtliche Normierungen und Institutionen aus ... Dieser Einsicht hat das Konzept der sozialen Marktwirtschaft Rechnung getragen. Es wird ... erfolgreich praktiziert ... Die Kirchen sehen im Konzept der sozialen Marktwirtschaft weiterhin ... den geeigneten Rahmen für eine zukunftsfähige Wirtschafts- und Sozialpolitik" (GW Nr. 9).

2.4 Kirchliche Sozialverkündigung als Dialogpartner der Ordnungspolitik

Der Zusammenhang von Wirtschaftsprozeß-, Wirtschaftsordnungspolitik und der Ebene der übergeordneten Ziel- und Wertvorstellungen ist durch Beziehungen der „Einbettung" (Marc Granovetter) gekennzeichnet. Wirtschaftsprozeßpolitik (Instrumente und Maßnahmen) ist nur funktionstüchtig und in ihren konkreten Maßnahmen möglichst konfliktfrei aufeinander abstimmbar, wenn sie eingebettet ist in eine Wirtschaftsordnung. Die zentrale Aufgabe von Wirtschaftsordnungspolitik besteht darin, unter Rückgriff auf eine ordnungspolitische Konzeption ein System von allgemein akzeptierten und dadurch langfristig gültigen Zielen, Grundsätzen und Methoden zu schaffen, die das Wirtschaftsgeschehen (Wirtschaftsprozeß) gestalten. Die Idee einer Wirtschaftsordnung – zum Beispiel die der sozialen Marktwirtschaft – ist nicht voraussetzungslos: Die Wirtschaftsordnung einer Gesellschaft ist ihrerseits nur vorstellbar und längerfristig funktionstüchtig vor dem Hintergrund und in ihrer Einbettung in einen Kanon übergeordneter Wert- und Zielvorstellungen. Einer Untersuchung der Bertelsmann-Wissenschaftsstiftung für den Club of Rome zufolge hängt die Zukunftsfähigkeit einer Gesellschaft davon ab, inwieweit sie gemeinsame Wertvorstellungen aufbauen, erhalten und unterschiedliche Werthaltungen ihrer Bürger in übergeordnete Wertvorstellungen integrieren kann. Das Fazit der Untersuchung: Gelingt es nicht, einen Grundkonsens aufzubauen, droht die Desintegration der Gesellschaft. Der Verfassungsrechtler Ernst Wolfgang Böckenförde (1987, 937) hat – zunächst bezogen auf den demokratischen Verfassungsstaat – auf eine zentrale Problematik und gleichzeitig auf den zentralen Ansatzpunkt im Selbstverständnis der Kirchen hingewiesen: Eine Wirtschaftsordnung kann zwar nur längerfristig funktionieren, das heißt ihre Aufgaben erfüllen, wenn sie auf einem übergeordneten Grundkonsens basiert (zum Beispiel über die Bedeutung von Freiheit und individueller Anstrengung, über das Zueinander von Selbstverantwortung und sozialer Verantwortung, über die Notwendigkeit von Subsidiarität und Solidarität, wenn die nachgeordneten Einheiten zu schwach sind usw.), sie kann diese Ziel- und Wertvorstellungen, in die sie eingelagert ist, allerdings nicht selbst produzieren. Sie kann auch den Konsens über diese übergeordneten Ziele und Werte, dessen Absicherung eine zentrale gesellschaftliche Gestaltungsaufgabe ist, nicht herstellen. Der Vorsitzende der Deutschen Bischofskonferenz, Karl Kardinal Lehmann (1999, 281) spitzt diesen Gedanken zu: „Wir sprechen viel von ökonomischen Rahmenbedingungen unserer Wirtschaft, aber wohl zu wenig von den humanen und damit auch ethischen Rahmenbedingungen gerade der sozialen Marktwirtschaft. Wirtschaft und Gesellschaft sind auf 'Werteproduzenten', intermediäre Instanzen und Agenturen der Konsensproduktion angewiesen."

Dies ist ein zentraler Ansatzpunkt der Sozialethik der Kirchen: Sie wollen Politik und auch Wirtschaftspolitik durch die Verständigung auf gemeinsame Ziel- und Wertvorstellungen konsensfähig und somit, wie es im Gemeinsamen Wirtschafts- und Sozialwort heißt, „möglich machen". Durch die grundsätzliche Normierung von sozialethischen Prinzipien wird die Sozialethik zum Dialogpartner der Ordnungs- und zumindest mittelbar auch der Prozeßpolitik, da eine stimmige Prozeßpolitik ihrerseits angewiesen ist auf einen ordnungspolitischen Rahmen.

3 Überprüfung der konstitutiven Faktoren und regulierenden Prinzipien der Ordnungskonzeption „soziale Marktwirtschaft"

Bei der Analyse der kirchlichen Beurteilung der konstitutiven Faktoren und regulierenden Prinzipien der Ordnungskonzeption „soziale Marktwirtschaft" – also: Privateigentum, individuelle Wahlhandlungsfreiheiten, Wettbewerb, Gewährleistung eines freien Marktpreismechanismus, Sicherstellung einer flexiblen stabilitäts- und wachstumsorientierten Geldversorgung, soziale Korrekturen marktwirtschaftlicher Ergebnisse, ökologisch bedingte Korrekturen und Gestaltungen marktwirtschaftlicher Prozesse – werden die Entwicklungslinien und -richtungen in den wirtschaftsordnungspolitischen Vorstellungen der Kirchen deutlich.

3.1 Privateigentum

Aus den Denkschriften der EKD kann unter Bezug auf die Sozialpflichtigkeit eine eindeutig positive Haltung zur Institution des privaten Eigentums herausgelesen werden: „Eigentum gehört zur Freiheit und zu den Grundrechten des Menschen ... Die Güter der Erde als von Gott gewährte Lebensgrundlage für alle Menschen und alle Geschöpfe setzen dem Gebrauch von Eigentum Grenzen, die heute neu bestimmt werden müssen" (Gemeinwohl und Eigennutz, Nr. 130). Mit der Feststellung, daß Umverteilung zunächst den Erwerb und die Produktion der umzuverteilenden Güter durch

Arbeit und Leistung voraussetzt, erkennt die Schrift ökonomische Gesetzmäßigkeiten an. In den katholischen Erklärungen hat sich die Beurteilung des Privateigentums im Laufe der Jahrzehnte stark gewandelt. Während die frühen Enzykliken die Institution Eigentum naturrechtlich begründen und verteidigen, tritt mit der Pastoralkonstitution *Gaudium et spes* (1965, Nr. 69-71) die Warnung vor den Gefahren des Eigentums in den Vordergrund. Aus dem Nebeneinander von individuellem und sozialem Aspekt des Privateigentums ist eine eindeutige Dominanz seiner Sozialnatur geworden. Nach den negativen Erfahrungen mit vergesellschaftetem Eigentum ist die katholische Kirche mit *Centesimus annus* (1991, Nr. 13) wieder zu einer eindeutigen Bekräftigung des Privateigentums zurückgekehrt: „Der Mensch, der gar nichts hat, was er 'sein eigen' nennen kann, und jeder Möglichkeit entbehrt, sich durch eigene Initiative seinen Lebensunterhalt zu verdienen, wird völlig abhängig von den gesellschaftlichen Mechanismen und von denen, die sie kontrollieren". Die aktuelle katholische Soziallehre bekräftigt die Bedeutung des Privateigentums, weil es der individuellen Freiheit und der persönlichen Initiative mehr Raum gibt. Probleme werden dann gesehen, wenn das Eigentum über das „natürliche Maß" hinaus nur zur persönlichen Bereicherung dient, wenn es unproduktiv oder sogar mit dem Ziel der Unterdrückung angehäuft wird. Vor dem Hintergrund der ungleichen Verteilung von Privateigentum und Privatvermögen fordern die Kirchen im Wirtschafts- und Sozialwort 1997 nicht nur völlig zu Recht – und wie seit Jahrzehnten – die Vermögensbildung breiter Bevölkerungsschichten, sondern auch die Erstellung eines Armuts- und Reichtumsberichtes, mit dem Ziel, auch Reichtum „zum Thema der politischen Debatte" werden zu lassen und die Sozialpflichtigkeit des Eigentums zu stärken. Unter dem Gesichtspunkt der Minderung von Ungleichheit wird eine Heranziehung von Vermögen zur Finanzierung gesamtstaatlicher Aufgaben „in angemessener Weise" (GW Nr. 220) gefordert – ohne die institutionenökonomischen Anreizwirkungen zu bedenken. Wenngleich neben der Armut in gewisser Weise auch Reichtum als Fehlentwicklung verstanden wird und Überlegungen der Verteilungsgerechtigkeit andere alternative Gerechtigkeitsüberlegungen dominieren (zum Beispiel Leistungsgerechtigkeit oder auch die Bedeutung von Kapitalakkumulation für Investitionen und die Schaffung von besseren Beteiligungschancen auf den Arbeitsmärkten vor allem auch mit Blick auf den mittelständischen Bereich der Wirtschaft), wird im Privateigentum doch zweifellos ein zentraler Eckpfeiler des Gesellschaftsmodells gesehen: „Privateigentum und damit Privatvermögen sind konstitutive Elemente ... und dienen der eigenen Daseinsvorsorge ebenso wie der gesamtwirtschaftlichen Kapitalbildung" (GW Nr. 215).

3.2 Individuelle Wahlhandlungsfreiheiten

Mit der Betonung der Freiheit des Menschen „aufgrund seiner Würde und seiner Rechte als Subjekt eigenverantwortlicher Lebensgestaltung" (Homeyer 1988, 4) ist der Freiheitsbegriff fester Bestandteil christlicher Sozialverkündigung. Die Rezeption des modernen

Freiheitsbegriffs in der Theologie ist im katholischen Raum vor allem Karl Rahner (1984) zu verdanken. Freiheit wird allerdings immer verstanden als Freiheit in Verantwortung gegenüber der Gemeinschaft. Schon bei Martin Luther spielt die Freiheit in christlicher Verantwortung eine zentrale Rolle: „Ein Christenmensch ist ein freier Herr über alle Dinge und niemand untertan. Ein Christenmensch ist ein dienstbarer Knecht aller Dinge und jedermann untertan" (1520/1951, 96). In den Enzykliken *Pacem in terris* (1963) und *Mater et Magistra* (1961) wird im wirtschaftlichen Bereich der Privatinitiative des einzelnen „allein oder in vielfältiger Verbundenheit mit anderen" (MM Nr. 51) Vorrang vor der Tätigkeit des Staates eingeräumt. Die individuellen Wahlhandlungsfreiheiten werden in verschiedenen Schriften entweder ausdrücklich (eher auf evangelischer Seite) oder implizit (eher auf katholischer Seite) anerkannt und gut geheißen. Neben dem Verständnis von Freiheit als verantworteter und gemeinschaftlich rückgebundener Freiheit mit der Betonung der daraus hervorgehenden Pflichten wird wirtschaftliche Freiheit nur als ein Element der Freiheit gesehen. „Wenn sie sich für autonom erklärt ... wenn der Mensch nur mehr als Produzent beziehungsweise Konsument von Gütern, nicht aber als ein Subjekt gesehen wird, das produziert und konsumiert, um zu leben, dann verliert sie ihre notwendige Beziehung zum Menschen, den sie schließlich entfremdet und unterdrückt" (CA Nr. 39).

Probleme hat vor allem die katholische Kirche bei der Konsumentenfreiheit. Sie spricht vom „Phänomen des

Konsumismus": Läßt man sich nicht von einem Menschenbild leiten, das alle Dimensionen seines Seins berücksichtigt, besteht die Gefahr, daß „man sich ... direkt seinen Trieben unter Verkennung der Werte des persönlichen Gewissens und der Freiheit [überläßt]. Daraus können Konsumgewohnheiten entstehen, die objektiv unzulässig sind und nicht selten der körperlichen und geistigen Gesundheit schaden" (CA Nr. 36).

Im Gemeinsamen Wirtschafts- und Sozialwort betonen die Kirchen die Notwendigkeit der Absicherung der individuellen Grundrechte durch staatliche Rahmensetzung: „Für den Staat bedeutet der Wert 'Freiheit' nicht nur eine Begrenzung seiner Einflußmöglichkeiten und Eingriffsrechte... Eine Gesellschaft, die Freiheit als 'gebundene' Freiheit versteht und die Würde des anderen auch in den Marktbeziehungen achtet, wird dieses Freiheitsverständnis durch umfassende Rahmensetzungen zum Ausdruck bringen" (GW Nr. 139). Auch wenn in der Realität unserer Ordnungskonzeption oftmals ein Zuviel an Regulierungen – allerdings nicht an ordnungspolitischer Konsequenz! – besteht, ist das Verständnis von Freiheit als 'verantwortete Freiheit', die ihre Begrenzung dort erfährt, wo sie die Rechte und die Freiheit anderer einschränkt, für die Konzeption „soziale Marktwirtschaft" konstitutiv.

3.3 Wettbewerb

In der christlichen Soziallehre werden seit Jahrhunderten das Monopol und der Monopolgewinn abgelehnt. Höffner (1997, 246f.) zitiert unter Rückgriff auf seine Ausarbeitung über „Wirtschaftsethik und Monopole im 15. und 16. Jahrhundert" Kirchenlehrer der damaligen Zeit. „Die Monopolisten seien 'Usurpatoren', da sie sich widerrechtlich zu Urhebern der Preise machten (Franz Sylvius); sie unternähmen einen 'Angriff auf die allgemeine Freiheit', da die Leute 'durch das Monopol gezwungen würden, einen höheren Preis zu zahlen', als es ohne Monopol der Fall wäre (Cajetanus). Man solle die Monopolisten aus dem Staate vertreiben, da sie schädlicher seien 'als Mißernten und Heuschrecken' (Johannes Medina)."

Auf der anderen Seite warnen eine Vielzahl von kirchlichen Schriften – zum Beispiel die Denkschrift der EKD aus dem Jahre 1978 *Leistung und Wettbewerb. Sozialethische Überlegungen zur Frage des Leistungsprinzips und der Wettbewerbsgesellschaft* vor den Auswirkungen von Leistung und Wettbewerb, die „in sich allein noch keine ethischen Werte" darstellten und für „ethisch vertretbare Ziele und Zwecke" erbracht werden bzw. genutzt werden sollten.

Dem der Marktwirtschaft inhärenten Leistungs- und Wettbewerbsprinzip soll nach diesen Vorstellungen eine „Ökonomie der Mitmenschlichkeit" an die Seite gestellt werden. Ordnungspolitisch ist eine Verankerung des Solidaritätsprinzips im Wettbewerb problematisch. Der Wettbewerb könnte seinen Funktionen – effiziente Ressourcenallokation, flexible Anpassung der Produktionskapazitäten und Produktionsstrukturen an Datenänderungen (Strukturwandel), Durchsetzung des technischen Fortschritts, funktionale Einkommensverteilung – nicht nachkommen, wenn Konkurrenten in solidarischen Bezügen zueinander ständen. Auch wenn es durch die funktionale Einkommensverteilung zu großen Ungleichheiten kommt, die zum Beispiel diejenigen betreffen, die am Marktgeschehen nicht teilnehmen können, wäre es nach allen Erfahrungen problematisch, mit der in einer sozialen Marktwirtschaft notwendigen sekundären „solidarischen" Einkommens(um)verteilung unmittelbar beim Produktionsprozeß zu beginnen. Dies würde nach allen Erfahrungen auf Kosten der institutionellen und ökonomischen Anreizsysteme sowie zu Lasten der gesamtgesellschaftlichen Wohlfahrt gehen.

Wenn auch verschiedene Enzykliken sowie *Gemeinwohl und Eigennutz* vor den Auswirkungen des ungezügelten Wettbewerbs im Sinne des Laisser-faire-Liberalismus („Manchester-Liberalismus") warnen und Wettbewerb als „Aufforderung an die Menschen, ihren egoistischen Antrieben zu folgen" (Gemeinwohl und Eigennutz Nr. 40) verstehen, fordern sie doch auch, die Ermöglichung des „fairen" Wettbewerbs durch staatliche Ordnungspolitik zu gewährleisten, und unterstreichen auch die positiven Auswirkungen des Wettbewerbs – warnen gar vor seiner Eliminierung: „Wo die Privatinitiative des einzelnen fehlt, herrscht politische Tyrannei; da geraten aber auch manche Wirtschaftsbereiche ins Stocken; da fehlt es an tausenderlei Verbrauchsgütern und Diensten, die zu erlangen in besonderer Weise die Schaffensfreude und den Fleiß der einzelnen auslöst und anstachelt" (MM Nr. 57).

Wettbewerb fungiert somit letztlich auch aus kirchlicher Sicht als Innovationsmotor und Entmachtungsinstrument zur Verhinderung marktbeherrschender Stellungen. Wettbewerb und Märkte veranlassen die Teilnehmer, die Interessen anderer Menschen überhaupt erst zu berücksichtigen. Da die Orientierung am Wunsch anderer Menschen grundsätzlich erst einmal eine soziale Leistung bedeutet, haben Markt und Wettbewerb positive ethische Konsequenzen (Lehmann 1999). Wettbewerb stärkt nach Höffners (1997) Auffassung die Eigeninitiative sowie die Wahl- und Entscheidungsfreiheit und die Selbstverantwortung des einzelnen, garantiert die gerechte Preisbildung und fördert den Strukturwandel.

Damit nicht ein mächtiger Marktteilnehmer Preise diktieren, manipulieren oder verzerren kann (und sie anderen Menschen aufzwingen kann), müssen Märkte einerseits durch eine Wettbewerbsordnung funktionieren. Andererseits berücksichtigt der konstitutive Faktor Wettbewerb nicht die Bedürfnisse der Menschen, die nicht am Marktgeschehen teilnehmen oder dort aufgrund ihrer geringen Kaufkraft in einem Maße ausgeschlossen sind, daß es ihnen nicht möglich ist, ihre Grundbedürfnisse zu decken. Daraus wird die Korrektur der durch Markt und Wettbewerb hergestellten Primärverteilung durch das Sozialstaatsprinzip abgeleitet. Wann diese Pflicht zur staatlichen Umverteilung allerdings greift, wie groß die aus dem Subsidiaritätsprinzip abgeleitete Bedeutung der Eigenverantwortung sein soll und ob staatliche Hilfe eher als Hilfe zur Selbsthilfe (wie das Subsidiaritätsprinzip fordert) oder mehr im Sinne einer paternalistischen Rundumversorgung verstanden wird, darüber wird auch innerhalb der Kirchen heftig diskutiert. Während sich bis in das Gemeinsame Wirtschafts- und Sozialwort hinein eine gewisse Dominanz von Verteilungsüberlegungen feststellen läßt, betont das katholische Experten-Memorandum *Mehr Beteiligungsgerechtigkeit* den Zusammenhang von Eigenverantwortung und Solidarität.

Der konstitutive Faktor Wettbewerb wird von den Kirchen mit Blick auf Effizienz und Bedürfnisbefriedigung anerkannt. „Kein anderes gesellschaftliches Ordnungsprinzip vermag derzeit besser den ökonomischen Ressourceneinsatz und die Befriedigung der Konsumentenwünsche zu gewährleisten als ein funktionierender Wettbewerb" (GW Nr. 142). Unter dem realitätsnahen Verweis auf die Neigung von Unternehmen, sich dem Wettbewerb durch verschiedenartige Absprachen zu entziehen, verweisen sie auf die Notwendigkeit einer staatlichen Rahmensetzung.

Auf die Notwendigkeit der Überwindung struktureller Wettbewerbsverzerrungen und Vermeidung vertraglicher Wettbewerbsbeschränkungen und die diesbezügliche Verpflichtung des Staates zur Rahmensetzung weist neben *Gemeinwohl und Eigennutz* (Nr. 69ff.) auch *Centesimus Annus* in dem Abschnitt über die Aufgaben des Staates (CA Nr. 48) hin: Er hat „das Recht einzugreifen, wenn Monopolstellungen die Entwicklung verzögern oder behindern". Der implizite Hinweis auf die Bedeutung des Strukturwandels für die allgemeine Wohlfahrt zeigt das Verständnis marktwirtschaftlicher Struktur- und Funktionszusammenhänge in dieser jüngsten Sozialenzyklika.

3.4 Gewährleistung eines freien Marktpreismechanismus

In den jüngeren kirchlichen Schriften wird die Gewährleistung eines freien Marktpreismechanismus mit Blick auf seine Informations-, Lenkungs- und Kontrollfunktion beschrieben und gewürdigt (Gemeinwohl und Eigennutz 1991, Nr. 41). In *Leistung und Wettbewerb* wird mit Hinweis auf die durch Unternehmenskonzentration entstehende Marktmacht und den Einfluß der Werbung festgestellt, „daß die Märkte nicht mehr von den Wünschen der Verbraucher, sondern von den Absatzwünschen der Produzenten bestimmt" (LW Nr. 92) würden und auch festgestellt, daß das „Prinzip der privaten Preisbildung ... in weitesten Bereichen der Produktion öffentlicher Leistungen entfällt" (LW Nr. 108). Diese Feststellungen sind keine Kritik am Marktpreismechanismus, sondern weisen zu Recht auf das Problem von Wettbewerbsverzerrungen, die Notwendigkeit der Herstellung von Markttransparenz sowie auf die Aufgabe hin, diejenigen Leistungen, die durch staatliche Subordination erstellt werden, kritisch zu durchforsten.

Quadragesimo anno geht noch von der Existenz von „richtigen" ethisch abgeleiteten Verhältnissen von Löhnen und Preisen aus (QA Nr. 75). *Populorum progressio* stellt ohne Bezug auf einen bestimmten Gerechtigkeitsbegriff fest: „Die Preise, die sich frei auf dem Markt bilden, können ganz verderbliche Folgen haben ... Der freie Austausch von Gütern ist nur dann recht und billig, wenn er mit den Folgerungen der sozialen Gerechtigkeit übereinstimmt" (PP Nr. 58f.). Es wird auf die Gefahr „wilder Spekulationen" hingewiesen, die die „Berechnungen ernsthafter Wirtschaftler" durchkreuzen (QA Nr. 132). Hintergrund sind die Erfahrungen der Weltwirtschaftskrise; allerdings ist vor dem Hintergrund der aktuellen Erfahrungen mit den Band-Waggon-Effekten bei Zu- und Abflüssen von Investitions- und Finanzkapital die Problematik „wilder Spekulationen" auch heute wieder aktuell, so beispielsweise Paul Krugman (2000) oder Thomas Friedman (1999). *Centesimus Annus* stellt unmißverständlich fest, daß der freie Markt das wirksamste Instrument der Bedürfnisbefriedigung und der effizienten Ressourcenverwendung ist (CA Nr. 34, 43), wenn auch vor der „Vergötzung des Marktes" gewarnt wird, der die „Existenz von Gütern ignoriert, die ihrer Natur nach weder bloße Waren sind noch sein können" (CA Nr. 40) und auf die schon oben behandelte Problematik derjenigen hingewiesen wird, die keine Kaufkraft für die Befriedigung ihrer Grundbedürfnisse haben.

3.5 Sicherstellung einer flexiblen stabilitäts- und wachstumsorientierten Geldversorgung

Über die Bedeutung der Sicherstellung einer flexiblen stabilitäts- und wachstumsorientierten Geldversorgung ist man sich kirchlicherseits einig. Das Gemeinsame Wirtschafts- und Sozialwort (GW Nr. 149, 235 mit Bezug auf die Europäische Wirtschafts- und Währungsunion), *Centesimus Annus* (Nr. 48: „Die Wirtschaft setzt ... eine stabile Währung voraus") sowie auch recht ausführlich verschiedene Schriften von evangelischer Seite gehen sowohl auf die Bedeutung der Preisniveaustabilität als auch auf die ethisch höchst bedenklichen Auswirkungen der Inflation ein.

3.6 Soziale Korrektur marktwirtschaftlicher Ergebnisse

Die soziale Korrektur marktwirtschaftlicher Ergebnisse nimmt naturgemäß einen breiten Rahmen in kirchlichen Stellungnahmen ein. Dies muß hier nicht ausführlich dokumentiert werden. Interessant ist, daß bei aller Betonung der Notwendigkeit sozialer Korrektur durch sozialstaatliches Engagement doch Verschiebungen stattgefunden haben. Die Kirchen orientieren sich implizit offenbar immer stärker an dem Leitbild einer Ordnungskonzeption „soziale Marktwirtschaft", das durch ein ausgewogenes Zueinander von Solidarität, Subsidiarität und Eigenverantwortung gekennzeichnet ist. Sie reflektieren somit zunehmend kritischer die ordnungspolitische Realität in diesem Lande. Auf reine Verteilungsfragen fixierte Erklärungen sind zumindest kirchenoffiziellerseits seltener geworden.

Im Gemeinsamen Wirtschafts- und Sozialwort der Kirchen gibt es Ausführungen ordnungspolitischer Art, die sich über Strecken wie ein diesbezügliches Lehrbuch lesen – so zum Beispiel die Ausführungen über die Ordnungsstrukturen der sozialen Marktwirtschaft oder die nüchtern und zutreffend dargestellten

Ursachen und Wirkungen der Globalisierung. Mit Blick auf die soziale Marktwirtschaft liest man dort, daß es die Aufgabe der sozialen Sicherungssysteme ist, „jede Person ... gegenüber den elementaren Lebensrisiken (Krankheit, Invalidität, Alter) abzusichern und ein menschenwürdiges Dasein zu gewährleisten, nicht jedoch, alle persönlichen Nachteile und Wechselfälle des Lebens materiell auszugleichen" (GW Nr. 177). In einer Denkschrift der EKD über Soziale Sicherung im Industriezeitalter (1973) wird das Zueinander von Leistungs- (Äquivalenz-), Bedarfs-, Verteilungs- und auch Beteiligungsüberlegungen prägnant dargestellt: „Die Gerechtigkeit verlangt, daß der eigene Beitrag, den jeder für die Gesamtheit leistet, das Maß dafür abgibt, was er an Entgelt erhält ... Darum entspricht eine an den erbrachten Leistungen sich orientierende Gesellschaft trotz all ihrer Mängel und Auswüchse mehr den Vorstellungen einer gerechten Gesellschaft als frühere Ordnungen ... Dabei muß vorausgesetzt werden, daß jeder die gleichen Chancen zur Entwicklung seiner Gaben und seiner Leistungsfähigkeit erhält und daß diejenigen, die keine Leistung für die Gesellschaft erbringen können, von der Gesellschaft angemessen unterstützt ... werden" (Nr. 10).

Vor dem Hintergrund dieser ordnungspolitisch einwandfreien Grundüberlegungen wird auch die Kritik an der ordnungspolitischen Realität unumgänglich: In *Centesimus Annus* (Nr. 48) findet sich ein bemerkenswerter Absatz über die „umfangreiche Ausweitung" verbunden mit „Auswüchsen und Mißbräuchen" staatlicher sozialpolitischer Interventionen, die einen "neuen Typ von Staat", den "Wohlfahrtsstaat" oder gar "Fürsorgestaat" entstehen ließen. Dabei rührten "Mängel im Wohlfahrtsstaat ... von einem unzutreffenden Verständnis der Aufgaben des Staates her". Unter Bezug auf das Subsidiaritätsprinzip müsse gelten: "Eine übergeordnete Gesellschaft darf nicht in das innere Leben einer untergeordneten Gesellschaft dadurch eingreifen, daß sie sie ihrer Kompetenzen beraubt. Sie soll im Notfall unterstützen und ihr dazu helfen, ihr eigenes Handeln mit dem der anderen gesellschaftlichen Kräfte im Hinblick auf das Gemeinwohl abzustimmen. Der Wohlfahrtstaat, der direkt eingreift und die Gesellschaft ihrer Verantwortung beraubt, löst den Verlust an menschlicher Energie und das Aufblähen der Staatsapparate aus, die mehr von bürokratischer Logik als von dem Bemühen beherrscht werden, den Empfängern zu dienen; Hand in Hand damit geht eine ungeheure Ausgabensteigung. Wie es scheint, kennt tatsächlich derjenige nur die Not besser und vermag die anstehenden Bedürfnisse besser zu befriedigen, der ihr am nächsten ist und sich zum Nächsten des Notleidenden macht." Aus ordnungspolitischer Sicht ist dem nichts hinzuzufügen.

3.7 Exkurs: Die Soziallehre und eine marktwirtschaftlich organisierte Weltwirtschaftsordnung

Die katholische Soziallehre hat sich – dem Verständnis der katholischen Kirche als Weltkirche folgend – intensiv mit der Problematik der Unterentwicklung beschäftigt. Sie sieht heute – im Gegensatz zu früheren Aussagen –

keine grundsätzlichen Schwierigkeiten, eine Weltwirtschaftsordnung zu akzeptieren, die den Funktionsprinzipien einer marktwirtschaftlichen Ordnungskonzeption folgt (Meyer 1999). Sie bietet keine technischen Lösungen für die Probleme der Weltwirtschaft, enthält aber eine Reihe von Normen, Wertvorstellungen und Leitlinien für die Weltwirtschaftsordnung mit dem Ziel, die Freiheit des Welthandels mit der sozialen Gerechtigkeit zu vereinen. Beispielhaft hierfür ist die Gemeinsame Erklärung beider Kirchen *Internationale Verschuldung – eine ethische Herausforderung* (1998).

Die katholische Soziallehre (vor allem die Konzilskonstitution *Gaudium et Spes* sowie die Enzykliken *Centesimus annus* und *Sollicitudo rei socialis*) plädiert für die Integration aller Länder in die internationale Arbeitsteilung und für Abkommen, die ebenso die Freiheit des Wettbewerbs wie die Entfaltungschancen besonders schwacher Volkswirtschaften schützen. Diese Standpunktbestimmung steht einerseits im deutlichen Gegensatz zu der Dependenztheorie: eine Abkopplung vom Weltmarkt ist nicht (mehr) die Lösung des Entwicklungsproblems. Andererseits betont die katholische Soziallehre auch die großen Funktionsprobleme des Weltmarktes: die Ausgrenzung vieler Anbieter aus Entwicklungsländern vom Weltmarkt durch Protektionismus der Industrieländer, durch schlechte Ausgangsbedingungen, den Einfluß transnationaler Unternehmen, aber auch durch selbstverschuldete Isolation vom Weltmarkt durch Import- und Exportbeschränkungen.

Ganz deutlich wird dies in der Enzyklika *Centesimus Annus* (Nr. 33). Sie lehnt die Abkopplung der Entwicklungsländer vom Weltmarkt ab: „Noch vor wenigen Jahren wurde behauptet, die Entwicklung würde von der Isolierung der ärmsten Länder vom Weltmarkt und davon abhängen, daß sie nur auf ihre eigenen Kräfte vertrauen. Die jüngste Erfahrung aber hat bewiesen, daß die Länder, die sich ausgeschlossen haben, Stagnation und Rückgang erlitten haben; eine positive Entwicklung hingegen haben jene Länder durchgemacht, denen es gelungen ist, in das allgemeine Gefüge der internationalen Wirtschaftsbeziehungen einzutreten. Das größte Problem scheint also darin zu bestehen, einen gerechten Zugang zum internationalen Markt zu erhalten, der nicht auf dem einseitigen Prinzip der Ausbeutung der natürlichen Ressourcen, sondern auf der Erschließung menschlicher Ressourcen beruht."

Das Instrument einer offenen Weltwirtschaft, in der für alle Beteiligten die Partizipationsbedingungen gleich sind – wo also keine Privilegien und Wettbewerbsbeschränkungen den Leistungswettbewerb einschränken –, wird demnach auch von der katholischen Soziallehre grundsätzlich als eine effiziente Lösung der Knappheitsproblematik gesehen. Problematisch ist jedoch, daß die grundsätzliche Bejahung einer offenen Weltwirtschaft aus dem Scheitern der Strategie der Abkopplung von der Weltwirtschaft abgeleitet wird.

4 Die Empfehlungen der kirchlichen Soziallehre angesichts der aktuellen wirtschaftspolitischen Herausforderungen

Eine zentrale – und bislang wohl nur unvollständig angenommene – Herausforderung der christlichen Sozialethik besteht in der Tatsache, daß ihre Prinzipien zumeist dann mit Blick auf ganz konkrete Problemlagen wirkungslos bleiben, wenn sie nicht ordnungs- und prozeßpolitisch anschlußfähig gemacht beziehungsweise „übersetzt" werden. Was bedeutet „Gerechtigkeit" oder „Solidarität" vor dem Hintergrund von ordnungpolitischen und sozialethischen Zielkonflikten zum Beispiel in der Alterssicherung oder auf dem Arbeitsmarkt, wenn implizite Niedriglohnschwellen / Mindestpreisfixierungen (Ziel: Verteilungsgerechtigkeit) den Zugang von Geringqualifzierten zum Arbeitsmarkt (Ziel: Beteiligungsgerechtigkeit) erschweren oder verhindern? Hierauf versuchen die im folgenden besprochenen aktuellen Stellungnahmen der Kirchen Antwort zu geben.

4.1 Das Gemeinsame Wirtschafts- und Sozialwort

Bezieht man die zitierten kritischen wohlfahrtsstaatlichen Überlegungen aus *Centesimus Annus* Nr. 48 mit einiger Plausibilität auf die Bundesrepublik, so liest man im Gemeinsamen Wirtschafts- und Sozialwort mit einigem Erstaunen die Feststellung, daß nicht „der

Sozialstaat und die sozialstaatlichen Leistungen ... Ursache für die anhaltend hohe Arbeitslosigkeit" seien (GW Nr. 190), sondern daß ein umgekehrter Zusammenhang bestehe. Die Gefahr sei groß, „daß die Wettbewerbsfähigkeit auf Kosten der sozialen Sicherung gestärkt" werde (GW Nr. 9). Obwohl „Besitzstandswahrung und Sozialkonservatismus" eine klare Absage erteilt wird (GW Nr. 10), werden tiefgreifende Reformen bei der sozialen Sicherung nicht konsequent genug angemahnt: „In der sozialen Sicherung spricht nichts für einen Systemwechsel, Reformen aber sind unerläßlich" (GW Nr. 14). Die Kirchen schreiben von der Verpflichtung, die Rechte der kommenden Generationen zu achten, machen aber nicht genug deutlich, daß der interessengeleitete Sozialstaat – nicht nur in der Rentenversicherung oder auf dem Arbeitsmarkt – die Interessen der „Outs" systematisch verletzt. Mit Blick auf den Arbeitsmarkt wird darauf hingewiesen, daß die Schaffung wettbewerbsfähiger Arbeitsplätze zwar Priorität habe. Allerdings könne das Beschäftigungsvolumen durch „wirtschaftliches Wachstum allein" nicht auf absehbare Zeit eine hinreichende Zahl an Arbeitsplätzen schaffen, so daß die „Teilung von Erwerbsarbeit" unumgänglich sei. Hier wird das Beschäftigungsvolumen offenbar doch als ein statischer „Kuchen" verstanden, den es nur möglichst gerecht aufzuteilen gelte.

Daß dies den empirischen Erkenntnissen widerspricht, wonach einer Anzahl von hochentwickelten Ländern eine nachhaltige Ausweitung des Beschäftigungsvolumens (durch Strukturwandel und eine nachhaltige

Verbesserung der Investitionsbedingungen) sogar bei steigenden Arbeitszeiten gelungen ist, ist evident. Andererseits wird – völlig zu Recht – die besondere Bedeutung von technischen und wirtschaftlichen Innovationen herausgestellt, die Bedeutung des Strukturwandels betont und eine umfassende Reform der Steuer- und Abgabensysteme mit dem Ziel, die Steuer- und Abgabenbelastung zu vermindern und zugleich das Steuer- und Abgabensystem insgesamt arbeitsplatzfördernder und sozial gerechter zu gestalten (GW Nr. 170), gefordert. Weiterhin tritt das Gemeinsame Wirtschafts- und Sozialwort für Lohn- und Gehaltszuwächse ein, die sich am Produktivitätsfortschritt orientieren und die Lohnstückkosten nicht erhöhen. Eine derartige wirtschaftspolitische Deutlichkeit hat man bei den Kirchen lange vermißt; allerdings wird bei dieser Forderung der Unterschied zwischen produktivitätsorientierter und beschäftigungsorientierter Lohnpolitik nicht berücksichtigt: Ist die Arbeitslosigkeit hoch und soll mehr Beschäftigung geschaffen werden, müssen die Lohnzuwächse hinter dem Produktivitätszuwachs zurückbleiben.

Angesichts des dreijährigen Entstehungsprozesses („Konsultationsprozeß"), in dem über 2.500 Einsendungen und Meinungsäußerungen aus Politik, Wirtschaft und Gesellschaft berücksichtigt und eingearbeitet wurden, bemüht sich das Gemeinsame Wirtschafts- und Sozialwort sehr um Ausgewogenheit. Allerdings bleibt es in Teilen auf der prozeßpolitischen Ebene inkonsistent und so hinter den zumeist klaren ordnungspolitischen Vorstellungen zurück.

Zusammenfassend ist festzustellen, daß das Gemeinsame Wirtschafts- und Sozialwort bei aller ordnungspolitischen Klarheit vor allem in zweifacher Hinsicht Schwächen zeigt:

1. Die soziale Marktwirtschaft hat sich in den letzten Jahrzehnten in Richtung „mehr staatliche Subordination" bewegt. Auf die damit einhergehenden Probleme wie hohe Regulierungsdichte, hohe Staats- und Sozialquote, Eingriffe in die Funktionsfähigkeit von Märkten mit dem damit einhergehenden Problem der Ausgrenzung, die enormen intergenerativen Probleme in den sozialen Versicherungssystemen, die partielle Entmündigung des einzelnen zugunsten paternalistischer wohlfahrtsstaatlicher Überlegungen usw. ist vielfach hingewiesen worden. Vor diesem Hintergrund sind tiefgreifende Reformen notwendig. Das Gemeinsame Wirtschafts- und Sozialwort gerät hier in Gefahr, als zu strukturkonservativ verstanden zu werden, weil es auf ordnungspolitischer Ebene diese Herausforderung zwar erkennt, sie auf prozeßpolitischer Ebene im Kapitel über die „Ziele und Wege" aber nicht konsequent umsetzt.

2. Es ist immer wieder bemängelt worden, daß das Gemeinsame Wirtschafts- und Sozialwort in diesem Kapitel über „Ziele und Wege" zwar prozeßpolitische Vorschläge unterbreitet, diese aber merkwürdig unverbunden bleiben mit dem zentralen ethischen Kapitel 3. Die Kirchen – so wurde angemahnt – müßten schon deutlicher sagen, was sie konkret unter einer „Zukunft in Solidarität und Gerechtigkeit" (warum eigentlich nicht: eine „Zukunft in Solidarität und Eigenverantwor-

tung"?) mit Blick auf konkrete Problemlagen verständen. Die Kirchen sollen zwar nicht Prozeßpolitik betreiben, aber zumindest andeuten, was Solidarität, Subsidiarität und Gerechtigkeit zum Beispiel mit Blick auf die Situation auf dem Arbeitsmarkt oder auf die nicht zukunftsfähige Alterssicherung denn bedeuten – wie sie gewissermaßen zu buchstabieren und zu übersetzen seien. Das „prozeßpolitische" Kapitel 5 („Ziele und Wege") genügt diesem Anspruch nicht, da es ein nicht durchgehend konsistentes prozeßpolitisches Instrumentarium vorschlägt und aus den übergeordneten Zielen und Werten nicht stringent genug abgeleitet ist. Von kirchlicher Seite wurde in Diskussionen dann auch vorsichtig angeführt, daß das Kapitel 5 nur zeigen sollte, „daß es mögliche Lösungswege gibt".

4.2 Memorandum Mehr Beteiligungsgerechtigkeit

Diese kritischen Anfragen bilden den Hintergrund für die Entstehung des Memorandums *Mehr Beteiligungsgerechtigkeit* (1998) auf katholischer Seite, welches von einer durch die Kommission für gesellschaftliche und soziale Fragen der Deutschen Bischofskonferenz (VI) berufenen Expertengruppe verantwortet wurde. In diesem Memorandum werden zwar Verteilungs- und Beteiligungsgerechtigkeit nicht als Gerechtigkeitsalternativen gegeneinander gesetzt. Allerdings ist das Bemühen, von einseitigen Solidaritätsüberlegungen abzurücken und das unauflösbare Zueinander von Solidarität, Subsidiarität und Eigenverantwortung zu betonen, unverkennbar.

Der Begriff der Beteiligungsgerechtigkeit „bringt die notwendige Wechselbeziehung zwischen der Verantwortung der einzelnen, gesellschaftliche Prozesse aktiv mitzugestalten, und der Verantwortung des Gemeinwesens, solche Teilnahme in Freiheit zu ermöglichen, zur Geltung". „Von jedem wird gefordert, im Rahmen seiner Möglichkeiten Eigenverantwortung zu übernehmen – nur dann ist Solidarität, im Wortsinn 'die Haftung für das Ganze', mit anderen möglich." Der Ruf nach Eigenverantwortung dürfe somit nicht als bloßer Individualismus mißverstanden und abgetan werden, sondern: „Eigenverantwortung und Solidarität bedingen einander."

Ausgangspunkt der Überlegungen ist die real existierende soziale Marktwirtschaft, der große Anpassungsprobleme attestiert werden. Diese Anpassungsprobleme bestehen vor allem in fehlenden Teilhabechancen vieler Menschen auf den Arbeitsmärkten, aber auch in der Bildung und Qualifikation, der Vermögensbildung und den mangelnden Teilhabechancen der nachfolgenden Generationen. Es komme darauf an, „allen – je nach ihren Fähigkeiten und Möglichkeiten – Chancen auf Teilhabe und Lebensperspektive zu geben, statt sich damit zu begnügen, Menschen ohne echte Teilhabe lediglich finanziell abzusichern".

Vor dem Hintergrund der Zuspitzung des Begriffs „soziale Gerechtigkeit" auf die derzeit besonders notwendige Beteiligungsgerechtigkeit werden „Neun Gebote für die Wirtschafts- und Sozialpolitik" formuliert, die von einem Verständnis von Marktwirtschaft ausgehen, das sich sehr an den Vorstellungen der

Gründerväter der sozialen Marktwirtschaft orientiert. Nach dem ersten programmatischen Gebot „Eigenverantwortung und Verantwortung für andere fördern", auf das eingangs hingewiesen wurde, wird mit dem zweiten Gebot die Beschränkung des Staates auf wohl definierte Aufgaben gefordert: „In der strikten Zurückweisung darüber hinausgehender Ansprüche sozialer Vollversorgung und in der Rückgewinnung seiner Unabhängigkeit gegenüber Interessengruppen liegt der Schlüssel zu einem leistungsfähigen Staat. Leistungsfähiger Staat heißt hier, daß er fähig ist, Kernaufgaben zu erfüllen." Die Balance zwischen Solidarität und Subsidiarität ist hier hergestellt: Durch die „Konzentration auf wohl definierte Aufgaben und die damit verbundene Rückführung der Steuer- und Abgabenlast schafft der Staat Freiräume für Eigeninitiative und Eigenverantwortung... Dort, wo einzelne überfordert sind und der solidarischen Hilfe bedürfen, müssen Staat und Gesellschaft nach dem Subsidiaritätsgrundsatz wirksam helfen".

In den weiteren Geboten geht es um den Unternehmergeist, der zu mobilisieren sei, um Bildung und Qualifikation als Teil des Generationenvertrages (Gebot 4) und arbeitsmarktpolitische Überlegungen im Gebot 5 „Beschäftigung ausweiten, Arbeitslose integrieren." In dieser Orientierung wird auf eine Beschleunigung des Strukturwandels hin zu einer Wissens- und Dienstleistungsgesellschaft gesetzt sowie ausgeführt, daß Entscheidungen von Staat und Tarifvertragsparteien im „Konfliktfall für die Ausweitung von Beschäftigung und die Integration der Arbeitslosen erfolgen" sollten.

Im Gebot 6 geht es um neue Wege der sozialen Sicherung („große" und „kleine" Risiken) und im Gebot 7 um die aus der Perspektive christlicher Sozialethik fast klassische, aber heute hochaktuelle Forderung der breiten Vermögensbildung mit dem Ziel einer „Miteigentümergesellschaft." Die Beteiligungschancen der nachfolgenden Generationen werden mit Blick auf die Familienpolitik, die Investitionen in Bildung und Qualifikation, den Schutz der Umwelt, aber auch mit Blick auf den Zustand der öffentlichen Haushalte angemahnt (Gebot 8). Im Gebot 9 geht es um eine Ausweitung der Beteiligungsgerechtigkeit auf die globale Dimension und eine deutliche Absage an Protektionismus und Erhaltungssubventionismus in den reichen Staaten.

Der Schlußsatz des Memorandums erscheint ordnungspolitisch hoch aktuell: „Soziale Marktwirtschaft ist historisch und weltweit eines der erfolgreichsten Modelle, Gerechtigkeit und Effizienz zusammenzubringen. Der Erfolg dieser Vermittlung liegt allerdings auch darin begründet, daß die Formen von Gerechtigkeit und Effizienz stets als dynamisch zu erneuernde und jeweils neu zu komponierende gedacht werden. In dieser Grundauffassung sehen wir den mentalen Schlüssel zu ordnungspolitischen Reformen. Wir lassen uns dabei leiten von einem Menschenverständnis, in dem Freiheit und soziale Verpflichtung, persönliche Verantwortung und Solidarität untrennbar zusammengehören."

Der Hinweis auf den „mentalen Schlüssel zu ordnungspolitischen Reformen" spiegelt die Bedeutung der Verdeutlichung außerökonomischer Voraussetzungen und Implikationen des ökonomischen und somit auch ordnungspolitischen Handelns wider – ein zentrales Anliegen der Kirchen.

Die Balance zwischen Effizienz und Gerechtigkeit ist konstitutiv für die soziale Marktwirtschaft und ist im Memorandum konsequent durchgehalten. Eine Einordnung in einen bipolaren Ansatz (Eucken) ist aufgrund seiner Engführung zwischen den zwei Polen marktwirtschaftliche Koordination und staatliche Subordination schwierig. So sagt der katholische Expertenkreis Ja zu einem starken Staat – wenn er sich auf seine Kernaufgaben beschränkt. Das Memorandum sagt Ja zu mehr Eigenverantwortung – wenn sie als notwendiger Bestandteil der Ermöglichung von Solidarität gesehen wird: Soziale Gerechtigkeit bedeute, daß Menschen verpflichtet sind, sich aktiv und produktiv am Leben der Gesellschaft zu beteiligen und daß es der Gesellschaft obliege, ihnen die Möglichkeit einer solchen Beteiligung zu schaffen. Im Memorandum wird mehr Gerechtigkeit gefordert – der Maßstab dieser Gerechtigkeit wird benannt: Alles Handeln und Entscheiden in Gesellschaft, Politik und Wirtschaft muß an der Frage gemessen werden, inwieweit es auch die Nichtbeteiligten betrifft, ihnen nützt, sie zu eigenverantwortlichem Handeln befähigt und ihnen gesellschaftliche Beteiligung ermöglicht. Es wird mehr Beteiligungsgerechtigkeit gefordert – allerdings findet diese Beteiligungsgerechtigkeit ihre Grenzen dort, wo sie zu Lasten der nächsten Generationen geht: Beteiligungschancen der nächsten Generationen müssen integraler Bestandteil der Politik vor allem in den Fragen von

Familie, Altersvorsorge, Bildung und Qualifikation, öffentlichen Haushalten, Forschung und Entwicklung und vom Umgang mit natürlichen Ressourcen sein.

Daß dies Auswirkungen in der Familienpolitik, bei der Haushaltskonsolidierung oder auch bei der Gestaltung der sozialen Sicherungssysteme hat, wird nicht verschwiegen. Strukturwandel, mehr Innovationsbereitschaft sowie eine deutliche Absage an Strukturkonservatismus werden gefordert – gleichzeitig aber auch eine konsequente Familienpolitik sowie die Beteiligung breiter Kreise der Bevölkerung am Produktivvermögen, so daß die durch Strukturwandel und Produktivitätswachstum geschaffene Wertschöpfung möglichst vielen zugute kommt. Auf der einen Seite wird mehr Markt, Wettbewerb und Innovation gefordert – auf der anderen Seite wird der Staat an seine Kernaufgaben erinnert. Dieses differenzierte Zueinander in der Arbeitsteilung zwischen Markt, Staat, Individuum und Gesellschaft ist ein ordnungspolitisch weiterführender Ansatz.

4.3 Gemeinsames Wort der Kirchen zur Reform der Alterssicherung

Ein weiteres ökumenisch erarbeitetes Wort der Kirchen mit sozialethischer Ausrichtung hat sich mit der Reform der Alterssicherung befaßt (Juni 2000) und fordert „Generationengerechtigkeit in der Alterssicherung". Diese Erklärung ist im Ton – verglichen mit dem Memorandum – erheblich vorsichtiger und – wie das Gemeinsame Wirtschafts- und Sozialwort – erkennbar mit dem

Ziel verfaßt, möglichst keinem weh zu tun. Dies scheint immer der Preis dafür zu sein, wenn sich beide Kirchen offiziell in einem „Gemeinsamen Wort" äußern.

Dennoch läßt sich einiges vom ordnungspolitisch mutigen Impuls des Memorandums hier wiederfinden: zum Beispiel der deutliche Hinweis darauf, daß die Logik des Drei-Generationen-Vertrags zur Folge haben müsse, daß die Generation, die durch ihr generatives Verhalten die umlagefinanzierte Rentenversicherung in die derzeitigen Schwierigkeiten gebracht hat, die damit verbundene Belastung zumindest mittrage. Eine Enttabuisierung des Renteneintrittsalters wird gefordert oder auch die Berücksichtigung anreizökonomischer Dimensionen bei der Forderung nach einer Mindestsicherung. Auf der anderen Seite mangelt es dem Papier an der richtigen Balance zwischen den sehr differenziert ausgeführten Reformüberlegungen zum System einer obligatorischen gesetzlichen Alterssicherung und den Überlegungen zur privaten betrieblichen Vorsorge, die – vielleicht nicht zufällig – erst ganz am Ende der Erklärung auftauchen.

Nach dem Memorandum hätte man sich in dieser Erklärung mehr Mut zur Eigenverantwortung und daraus resultierend eine noch deutlichere solidarische Familienkomponente gewünscht. Ordnungspolitisch steht auch diese Erklärung auf festem Fundament. Über konkrete Vorschläge auf der Ebene der Prozeßpolitik läßt sich bekanntlich streiten. Prozeßpolitische Inkonsistenzen lassen sich zumindest nicht erkennen.

5 Fazit

Die kirchliche Sozialethik hat – in unterschiedlichen Ausprägungen – über Jahrzehnte nach einem Weg zwischen Sozialismus und Kapitalismus gesucht und großen Wert auf die Äquidistanz zwischen beiden ordnungspolitischen Polen gelegt. Lange Zeit ging es – vor dem Hintergrund der jeweiligen historischen Situation auch verständlich – nahezu ausschließlich um die „gerechte" Verteilung von Einkommen und Vermögen und die Würde des arbeitenden Menschen im Produktionsprozeß. Viele ältere Enzykliken und evangelische Schriften zeichnen sich teilweise durch sozialromantisierende Abschnitte aus. Sie reflektieren damit auch immer zu einem guten Teil die historischen Erfahrungen in dem jeweiligen Zeitabschnitt – zum Beispiel die immer wieder thematisierte zunehmende Ungleichheit auf globaler Ebene. Die Fixierung auf einen ordnungspolitisch nicht faßbaren „dritten Weg" ist notwendigerweise verbunden mit Inkonsistenzen auf ordnungspolitischer Ebene. Eine erste Wende hat das Zweite Vatikanum mit dem „betonten Ja ... zur dynamischen Wirtschaft und zur unternehmerischen Initiative" (Höffner 1997, 246) gebracht: Um die wachsende Menschenzahl zu versorgen, sind zu fördern: „technischer Fortschritt, Aufgeschlossenheit für das Neue, die Bereitschaft, neue Unternehmen ins Leben zu rufen und bestehende zu erweitern, die Entwicklung geeigneter Produktionsverfahren, das ernsthafte Bemühen aller irgendwie am Produktionsprozeß Beteiligten, überhaupt alles, was zu diesem Fortschritt beiträgt" (GS Nr. 64). Der systematischen Unterbewertung ökonomischer Gesetzmäßigkeiten wird hier erstmals deutlich entgegengewirkt ("Autonomie der Sachbereiche").

Von einer Äquidistanz zu den beiden realtypischen Ordnungskonzeptionen Marktwirtschaft und Zentralverwaltungswirtschaft ist in *Centesimus Annus* (1991) mit der Befürwortung marktwirtschaftlicher Koordination endgültig keine Rede mehr: Die Soziallehre anerkennt die "positive Bedeutung des Marktes und des Unternehmens", beide müssen aber "unbedingt auf das Gemeinwohl ausgerichtet sein" (CA Nr. 43). Die EKD hat sich in *Gemeinwohl und Eigennutz* sehr deutlich und ausdrücklich zur Ordnungskonzeption "soziale Marktwirtschaft" bekannt. Vor allem dieser Denkschrift ist dann aber auch eine theologische Ideologisierung der sozialen Marktwirtschaft vorgeworfen worden. Das Gemeinsame Wirtschafts- und Sozialwort bekennt sich in bemerkenswerter ordnungspolitischer Klarheit zur sozialen Marktwirtschaft, ohne deren Reformnotwendigkeiten in vollem Ausmaß zu benennen. Das Memorandum *Mehr Beteiligungsgerechtigkeit* schlägt – begrenzt auf das Problem der Erwerbsarbeitslosigkeit – eine konsistente Brücke zwischen sozialethischen und ordnungspolitischen Grundlagen sowie prozeßpolitischen Überlegungen.

Die christliche Gesellschaftslehre hat einen anderen Ansatz und ein anderes Ziel als eine wirtschaftsordnungspolitische Konzeption. Während es der Soziallehre um die Achtung religiöser und ethischer Grundsätze im Leben des Menschen in seinen sozialen und strukturellen Lebensbezügen und um Anforderungen geht, die Religion und Ethik an eine Wirtschaftsordnung und die Wirtschaftssubjekte stellen, zielt eine ordnungspolitische Konzeption unter Berücksichtigung übergeordneter Ziel- und Wertevorstellungen auf allgemein gültige wirtschaftspolitische Rahmenbedingungen, die der Gestaltung des Wirtschaftsprozesses und so letztendlich der Überwindung existierender Knappheiten dient. Von den sich entwickelnden Aussagen der christlichen Gesellschaftslehre her kann allerdings festgestellt werden, daß sie die Ordnungskonzeption „soziale Marktwirtschaft" nahe legt beziehungsweise daß letztere unter den denkbaren und existierenden Konzeptionen diejenige ist, die kirchlichen Vorstellungen am nächsten kommt. Vor allem aus den jüngeren Veröffentlichungen der Kirchen erfolgt eine ausdrückliche Bestätigung ihrer Funktionsprinzipien.

Versucht man zusammenfassend die Entwicklungstendenzen der kirchlichen Sozialethik und die Ordnungskonzeption „soziale Marktwirtschaft" in ihrer realen Ausgestaltung in das bipolare Ordnungsschema Euckens einzuordnen, so ist folgendes festzuhalten: Die Ordnungskonzeption „soziale Marktwirtschaft" hat sich in den letzten Jahrzehnten sukzessive in Richtung „mehr staatliche Subordination" bewegt. Eine Einordnung der christlichen Soziallehre in dieses Schema ist eigentlich nicht möglich, da neben der traditionellen Skepsis gegenüber den Elementen Markt und Wettbewerb beispielsweise der Begriff der individuellen Freiheit stark hervorgehoben wird.

Die Suche nach einem eigenen Weg verbunden mit dem Begriff der Äquidistanz legt am ehesten eine Einordnung an der Systemtransformationsschwelle nahe. In jedem Falle hat es sehr deutlich nach *Gaudium et spes* und vor allem *Centesimus Annus* und ebenso auf evangelischer Seite mit der Anerkennung der konstitutiven und regulierenden Prinzipien der sozialen Marktwirtschaft eine Entwicklung in Richtung marktmäßige Koordination gegeben. Dies wird – sogar im Vergleich zwischen Gemeinsamem Wirtschafts- und Sozialwort 1997 und dem Memorandum 1998 – deutlich in veränderten Vorstellungen mit Blick auf die Arbeitsteilung zwischen Staat und Markt, dem Zueinander von Solidarität, Subsidiarität und Eigenverantwortung sowie vor allem in veränderten Definitionsschwerpunkten des Kernbegriffs „soziale Gerechtigkeit". Ansatzpunkt der Sozialverkündigung der Kirchen bleibt jedoch – nach *Centesimus Annus* vielleicht sogar deutlicher und unter Berücksichtigung der ökonomischen Gesetzmäßigkeiten – die Option für die Armen, Benachteiligten und Ausgegrenzten.

Anmerkungen

1 Vgl. Lehmann (1999).

2 Ob es hierbei um Grundbedürfnisse geht oder allgemeiner um Bedürfnisse und wer den Bedarf festlegt, ist eine in der politischen Ökonomie höchst bedeutsame Frage.

3 Dieses einfache bipolare Ordnungsschema ist immer wieder weiterentwickelt, differenziert und vor allem um andere, wirtschaftssoziologische, kultursoziologische und institutionenökonomische Dimensionen erweitert worden. Zu einer ersten groben Positionierung ist es aber noch immer gut anwendbar. Zu diesem Schema siehe ausführlich Walter Eucken (1990) und als Weiterführung zum Beispiel Michel Albert (1992).

4 Real existierende wirtschaftspolitische Konzeptionen lassen sich demgemäß in einem ersten Schritt nach ihrer jeweiligen Gewichtung von Freiheit und Gleichheit gut unterscheiden.

Katholische Verlautbarungen

("Sozial-")Enzykliken:

>
> Rerum novarum, 1891
>
> Quadragesimo anno, 1931 = QA
>
> Mater et magistra, 1961 = MM
>
> Pacem in Terris, 1963
>
> Populorum progressio, 1967 = PP
>
> Laborem exercens, 1981
>
> Sollicitudo rei socialis, 1987
>
> Centesimus Annus, 1991 = CA

Pastoralkonstitution:

> Gaudium et spes, 1965 = GS

Nationale Konferenz der katholischen Bischöfe der Vereinigten Staaten von Amerika (1986). Wirtschaftliche Gerechtigkeit für alle: Die Katholische Soziallehre und die amerikanische Wirtschaft. Abgedruckt in: Stimmen der Weltkirche Nr. 26. Bonn: Sekretariat der Deutschen Bischofskonferenz. = US-Wirtschaftshirtenbrief 1986.

Mehr Beteiligungsgerechtigkeit. Beschäftigung erweitern, Arbeitslose integrieren, Zukunft sichern: Neun Gebote für die Wirtschafts- und Sozialpolitik (1998). Angedruckt in: Die deutschen Bischöfe Nr. 20. Bonn: Sekretariat der Deutschen Bischofskonferenz.

Evangelische Verlautbarungen

Rat der EKD (Hrsg.) (1973): Die soziale Sicherung im Industriezeitalter. Eine Denkschrift der Kammer für soziale Ordnung der Evangelischen Kirche in Deutschland. Abgedruckt in: Die Denkschriften der Evangelischen Kirche in Deutschland. Bd. 2: Soziale Ordnung, Wirtschaft, Staat. Gütersloh 1991. 115–160.

Kirchenkanzlei der EKD (Hrsg.) (1978): Leistung und Wettbewerb. Sozialethische Überlegungen zur Frage des Leistungsprinzips und der Wettbewerbsgesellschaft. Eine Denkschrift der Kammer der Evangelischen Kirche in Deutschland für soziale Ordnung. Abgedruckt in: Die Denkschriften der Evangelischen Kirche in Deutschland. Bd. 2: Soziale Ordnung, Wirtschaft, Staat. Gütersloh 1992. 107–173 = LW.

Kirchenamt der EKD (Hrsg.) (1991): Gemeinwohl und Eigennutz. Wirtschaftliches Handeln in Verantwortung für die Zukunft. Eine Denkschrift der Evangelischen Kirche in Deutschland. Gütersloh.

Gemeinsame Verlautbarungen

Rat der Evangelischen Kirche in Deutschland und Deutsche Bischofskonferenz (1997): Für eine Zukunft in Solidarität und Gerechtigkeit. Gemeinsames Wort zu wirtschaftlichen und sozialen Lage in Deutschland. Gemeinsame Texte 9. = GW.

Rat der Evangelischen Kirche in Deutschland und Deutsche Bischofskonferenz (1998): Internationale Verschuldung – eine ethische Herausforderung.

Rat der Evangelischen Kirche in Deutschland und Deutsche Bischofskonferenz (2000): Verantwortung und Weitsicht. Generationengerechtigkeit in der Alterssicherung. Gemeinsame Texte 16.

Wissenschaftliche Publikationen

Albert, Michel (1992). Kapitalismus contra Kapitalismus. Frankfurt/Main: Campus-Verlag.

Biedenkopf, Kurt (1998). Ordnungspolitik in einer Zeit des Umbruchs, Tübingen: Mohr.

Böckenförde, Ernst Wolfgang (1987). Demokratie als Verfassungsprinzip. In: J. Isensee / P. Kirchhof (Hrsg.). Handbuch des Staatsrechts der Bundesrepublik Deutschland, Band I. Heidelberg: Müller. 887–952

Erhard, Ludwig / Müller-Armack, Alfred (1972): Soziale Marktwirtschaft. Manifest '72. Frankfurt/Main: Ullstein.

Eucken, Walter (1990): Grundsätze der Wirtschaftspolitik. Tübingen: Mohr.

Friedman, Thomas (1999). Globalisierung verstehen. Berlin: Ullstein.

Furger, Franz / Lienkamp, Andreas (1996). Einführung in die Sozialethik. Münster: LIT.

Granovetter, Marc (1993): Economic action and social structure: the problem of embeddedness. In: American Journal of Sociology, 93 (3). 99–121.

Heimbach-Steins, Marianne / Lienkamp, Andreas (1997). Für eine Zukunft in Solidarität und Gerechtigkeit. Wort des Rates der Evangelischen Kirche in Deutschland und der Deutschen Bischofskonferenz zur wirtschaftlichen und sozialen Lage in Deutschland, eingeleitet und kommentiert von Marianne Heimbach-Steins und Andreas Lienkamp, München: Bernward bei Don Bosco.

Heimbach-Steins, Marianne / Lienkamp, Andreas / Wiemeyer, Joachim (1995). Brennpunkt Sozialethik. Theorien, Aufgaben, Methoden. Freiburg im Breisgau: Herder.

Höffe, Otfried u.a. (1986). Gerechtigkeit. In: Staatslexikon, Band 2. Freiburg im Breisgau: Herder. 895–906.

Höffner, Josef Kardinal (1985). Wirtschaftsordnung und Wirtschaftsethik. Richtlinien der katholischen Soziallehre, 23.09.1985. Abgedruckt in: Der Vorsitzende der Deutschen Bischofskonferenz Nr. 12. Bonn: Sekretariat der Deutschen Bischofskonferenz.

Höffner, Josef Kardinal (1997). Christliche Gesellschaftslehre. Kevelaer: Butzon & Bercker.

Homeyer, Josef (1988). Aussagen der katholischen Soziallehre zu gesellschaftlichen Fragen. In: Aus Politik und Zeitgeschichte, Beilage zur Wochenzeitschrift „Das Parlament", B 21–22.

Kley, Roland (1993). Gerechtigkeit. In: Enderle, Georges u.a. (Hg.). Lexikon der Wirtschaftsethik. Freiburg im Breisgau: Herder. 352-360.

Krugman, Paul (2002). Schmalspurökonomie. München: Econ Ullstein.

Lehmann, Karl (1999). Soziale Marktwirtschaft als Herausforderung im Lichte des christlichen Glaubens. Über vergessene geistige Grundlagen ihrer Väter. In: Schreer, Werner / Steins, Georg (Hrsg.). Auf neue Art Kirche sein. Wirklichkeiten – Herausforderungen – Wandlungen. Festschrift für Bischof Dr. Josef Homeyer. München: Bernward bei Don Bosco. 281–291.

Luther, Martin (1520/1951). Von der Freiheit eines Christenmenschen. Abgedruckt in: Martin Luther – Die Hauptschriften (hrsg. von Kurt Ahland). Berlin: Christlicher Zeitschriftenverlag, 96–110.

Meyer, Matthias (1999). Globalisierung – eine Chance für Entwicklungsländer? In: Schreer, Werner / Steins, Georg (Hrsg.). Auf neue Art Kirche sein. Wirklichkeiten – Herausforderungen – Wandlungen. Festschrift für Bischof Dr. Josef Homeyer. München: Bernward bei Don Bosco. 551–570.

Novak, Michael (1996). Die Katholische Ethik und der Geist des Kapitalismus. Trier: Paulinus.

Rahner, Karl (1984). Grundkurs des Glaubens. 3. Auflage. Freiburg im Breisgau: Herder.

von Nell-Breuning, Oswald (1968). Baugesetze der Gesellschaft. Freiburg im Breisgau: Herder.

Rawls, John (1975/1996). Eine Theorie der Gerechtigkeit. Frankfurt/Main: Suhrkamp.

Rawls, John (1992). Die Idee des politischen Liberalismus. Aufsätze 1978-1989, hrsg. von Wilfried Hinsch. Frankfurt/Main: Suhrkamp.

Winterberg, Jörg M. (1993). Religion und Marktwirtschaft. Die ordnungspolitischen Vorstellungen im Christentum und Islam. Baden-Baden: Nomos.

Weitere Titel aus dieser Reihe

Brachliegende Fähigkeiten nutzen, Chancen für Arbeitslose zu verbessern
von Johann Eekhoff und Steffen J. Roth (2002)

Kampf gegen Arbeitslosigkeit und Armut – Markt, Staat und Föderalismus
von Norbert Berthold und Sascha von Berchem (2002)

Die Aufgaben der Arbeitslosenversicherung neu bestimmen
von Johann Eekhoff und David F. Milleker (2000)

Prinzipien der Renten- und Pensionsbesteuerung
von Axel Börsch-Supan und Melanie Lührmann (2000)

Prosperität in einer alternden Gesellschaft
mit Beiträgen von Herwig Birg, Bernhard Boockmann, Stephanie Mohr-Hauke, Bert Rürup, Viktor Steiner, Andreas Storm und Ernst Ulrich von Weizsäcker (2000)

Mehr Beschäftigung – Sisyphusarbeit gegen Tarifpartner und Staat
von Norbert Berthold (2000)

Weltwirtschaft wohin? – Langzeitdenken als Orientierungshilfe
von Alfred Zänker (1999)

Für weitere Veröffentlichungen der Stiftung Marktwirtschaft siehe www.stiftung-marktwirtschaft.de.